Indisciplinas críticas

Indisciplinas críticas
La estrategia poscrítica en Margarita Mateo Palmer y Julio Ramos

Reinier Pérez-Hernández

CONSEJO EDITORIAL

Luisa Campuzano
Adriana Churampi Ramírez
Stephanie Decante
Gabriel Giorgi
Gustavo Guerrero

Francisco Morán
Waldo Pérez Cino
José Ramón Ruisánchez
Nanne Timmer
Jasper Vervaeke

© Reinier Pérez-Hernández, 2014
© de esta edición: Almenara, 2014

www.almenarapress.com
info@almenarapress.com

ISBN 978-90-822404-5-0

All rights reserved. Without limiting the rights under copyright reserved above, no part of this book may be reproduced, stored in or introduced into a retrieval system, or transmitted, in any form or by any means (electronic, mechanical, photocopying, recording or otherwise) without the written permission of both the copyright owner and the author of the book.

Índice

Unas palabras de presentación 9

El juguete rabioso 13

Estudios literarios, estudios culturales 23

Sobre un término y su concepto 33

Una disciplina crítica 47

Indisciplinas críticas 57

Otra pequeña máquina verbal 87

Posdata 95

Bibliografía 97

Para Teresa Delgado y a la memoria de Salvador Redonet, este ensayo moderno.
A quienes ayudaron de diversos modos a que este libro haya tomado mejor forma de la que tenía. También para ellos es este disciplinado ensayo crítico.

Unas palabras de presentación

Esta tercera edición que ahora el lector comenzará a leer aparece de este lado del Atlántico gracias a Waldo Pérez Cino, el motor y creador de la editorial Almenara, y, otra vez, a Jamila Medina, siempre con sus buenas recomendaciones. A ellos por supuesto les agradezco en primer lugar la posibilidad de que este pequeño librito siga por los caminos de la imprenta. He de decir que, salvo un par de detallitos escriturales que no tienen importancia, las ideas del libro se mantienen invariables.

La primera edición apareció a finales de 2011 en Santiago de Cuba, preparada por el sello editor Oriente. La segunda estuvo a cargo de una editorial mexicana, Proyecto Literal, que lo sacó en 2013. Para esa edición redacté lo que titulé «Algunas precisiones o prólogo (cor)recto» y que me permito la licencia de citar a continuación:

> A partir de unas tesis académicas, este libro comenzó a escribirse en La Habana hace unos cinco, seis o siete años, aunque su génesis se remonta a finales de los años noventa del pasado siglo. Entonces yo era estudiante de Letras de la Universidad de La Habana, encantado por la lingüística, la gramática generativa, los análisis sintácticos y el latín, pero deseoso de una crítica literaria que no fuera «cientificista», ni tampoco impresionista. ¿Un juguete?
>
> En 1996 o en 1997 leí *Ella escribía poscrítica*, cuya autora, Margarita Mateo Palmer, es una de las más reconocidas investigadoras y académicas cubanas de finales del siglo xx. Ese libro, un clásico de la literatura cubana, dejó boquiabiertos a casi todos sus lectores —en estas páginas se sabrá por qué—. En mi caso, algunas de las claves de lo que estaba pensando como *cierta crítica*

literaria las veía puestas en escena, donde la ficción minaba la voz tradicional de la crítica literaria.

Corría el tercer o cuarto año de este siglo cuando supe que otro reconocidísimo investigador, el puertorriqueño Julio Ramos, había publicado un libro *casi como* el de Margarita Mateo. El *como* y el *casi* podrán apreciarse en las páginas siguientes. Una reseña en *Página/12* lo calificaba de «poscrítico». Curioso, y mucho más cuando el autor homenajeaba directamente a Mateo Palmer. La *razón poscrítica* estaba entonces poniéndose en juego, al menos en el contexto caribeño.

Indisciplinas críticas, publicado por primera vez en Cuba en 2011, es el resultado de las indagaciones que hice con el fin de comprender no sólo la *naturaleza* de ambos libros, sino también de otros, cuyos estilos se relacionaban con la *poscrítica*, término surgido en el vórtice del «posmodernismo» –algo que, por cierto, parece haberse diluido en las aguas de la historia.

Los lectores tendrán la libertad, por supuesto, de tomar las conclusiones y con agudeza delinear caminos más (o menos) afortunados que los que tomé. Como respondí en una entrevista, donde se me recriminaba en buen tono mi (excesiva) cautela a decir qué es la poscrítica: «Quizás lo importante no sea dar un concepto o una definición, sino ponerlo a la vista pública, mover unas ideas. Hay quienes están seguro de que *Indisciplinas críticas* moverá esas ideas, que de ahí saldrán nuevas consideraciones en torno a lo que se ha dado en llamar poscrítica» (la entrevista fue publicada en *El Caimán Barbudo* el 27 de noviembre del año pasado, y se puede encontrar en la siguiente dirección <http:// www.caimanbarbudo.cu/entrevistas/2012/11/indisciplinas-criticas-preguntas-arbitrarias/>).

Lo mío fue «una cosa» teórico-crítica sobre un tema poco menos que desconocido y sobre la extraña obra de dos autores principales de la literatura académica caribeña, que en un momento determinado de sus escrituras se la brincaron –la academia, quiero decir–, como para escapar de ciertos imperativos impuestos en ese mundo.

Por otro lado, que le haya podido quitar a mi libro los tics (¿nerviosos?) de la escritura de tesis, es decir, todo ese aparataje metodológico que pesa en obras salidas de la academia, es algo que espero haber logrado. No pocas veces la lectura de textos que han sido escritos para la Academia puede resultar muy cansona.

No tengo nada nuevo que agregar, excepto que los interesados en el tema pueden ahondar más con la lectura de «Escrituras y espacios de la reflexión y el pensamiento literario moderno», tesis doctoral de Alejandra Sánchez Aguilar defendida en 2013 (está «colgado» en Academia.edu).

Por otra parte, reiterar mis agradecimientos a dos personas muy vinculadas a esta obra, que no anoté en la primera edición y que insisto en dejarlos en esta tercera: José Francisco Buscaglia Salgado, a quien le debo la oportunidad de haber podido redondear la tesis que sostiene este disciplinado texto, y la propia Mateo Palmer, quien se supo liberar de la presión de ser «objeto de estudio» para entrarle con filo y sin prejuicios a las cuartillas originales.

También repito que sí, que hubo otros que creyeron en mis ideas y me ayudaron a guiar las reflexiones, del mismo modo que me advirtieron de ciertos peligros, «académicos» y no académicos. Ellos saben muy bien lo mucho que les debo. Y siempre les estaré agradecido. Como a mi madre y a mis hermanos, que siempre me apoyaron para que yo pudiera pensar y escribir mi tesis crítica sin las preocupaciones agobiantes de la vida cubana…

Reinier Pérez-Hernández
Maguncia, 7 de agosto de 2014

El juguete rabioso

Con una máquina mortífera, peligroso invento que puede dañar a quienes se le acerquen, ha sido identificada la literatura en *El juguete rabioso*, la conocida novela de Roberto Arlt. Cuando Silvio Astier, su protagonista, pasa por una serie de eventos —lectura de una literatura «bandoleresca», robo de biblioteca, quema de libros, venta de papel en blanco—, la trama pareciera sugerir que tocar la literatura implica el roce con un artefacto poderoso que puede resultar destructivo. Esta interpretación, por supuesto, no agota la riqueza de esta obra del escritor argentino, que, además, puede ser leída como una irreverencia hacia el lector convencional, como un instante de la literatura en que se demuelen sus principios de corrección. Algo de esto decía Mario Goloboff al referir que en el campo de la escritura el narrador inicia una tarea de demolición del mundo literario oficializado, sancionando la falta de respeto a las leyes del bien escribir, al valor de la cultura oficial, y destruyendo la propiedad literaria y la literatura ajenas.

En los años cincuenta del pasado siglo, Theodor W. Adorno afirmaba que en la Alemania de entonces el ensayo «provoca a la defensa porque recuerda y exhorta a la libertad del espíritu». Pareciera como si ese género estuviera rompiendo con las correcciones y, de cierta manera, con esa propiedad tan bien codificada en el campo de las letras. Entonces algunos «escritores correctos» pondrían una alerta ante algo quizás rabioso, quizás destructivo, en general irreverente, como puede ser el ensayo. Adorno se refería, pues, a esas pinzas que el purismo científico le quería poner al género, por el peligro que entrañaba para la reflexión sobre el objeto, porque, exclamaban los detractores del ensayo, «¿Cómo podría ser posible hablar estéticamente de lo estético, sin la menor semejanza con la cosa, a menos de caer en banausía y deslizarse *a priori* fuera de la cosa misma?» (Adorno 1962: 12-13). A partir de aquí pudiéramos servirnos de estas afirmaciones para impulsar una reflexión en la que aparezcan, una y otra vez, el tema de la *forma* en el discurso crítico literario –al margen de los «problemas de contenido», que es lo más usual y lo que más preocupa–, y, por consiguiente, el de las identidades y los géneros literarios.

Todo esto confronta preceptos tradicionales sobre qué debe ser el discurso crítico literario, o cómo debe ser en términos de «redacción», puesto que la objetividad de los estudios y ¿del conocimiento? se verían en peligro. Hablo de ciertos límites, de fronteras bien definidas que se han trazado a la hora de evaluar en el marco de ciertos horizontes culturales tal discurso, tal género o tal escritura de la crítica, y que sustentan toda una concepción identitaria de la que resulta difícil separarse, habituados como estamos a clasificar y ordenar para aprehender el mundo que nos rodea.

El asunto tiene larga data y se relaciona con el modo en que cada época «lee» los textos. Digamos que no hay resistencia ante el hecho de que en una obra de ficción se inserten páginas propias de la crítica literaria. Es normal. La literatura se permite discurrir sobre historias y héroes más o menos movidos o no, pero también se puede permitir desgranar toda su tradición literaria. El paradigma, en ese sentido, puede hallarse en el *Quijote*, cuando, en la biblioteca de Alonso Quijano, el cura y el barbero ejercen funciones propias del crítico literario.

Este motivo se descubre, asimismo, con diversos matices. Volviendo a *El juguete rabioso*, como dice Ricardo Piglia, «toda la escena [de la biblioteca] funciona, en realidad, como una crítica económica de la literatura» (1993: 13). Es decir, una crítica de mercado, donde el valor del libro está determinado por su utilidad en términos monetarios. En otra novela, *Angosta*, Héctor Abad Faciolince incluye todo un capítulo en el que tres libreros tasan una biblioteca privada, y, mientras lo hacen, van emitiendo juicios críticos no sólo de libros de García Márquez, Vila-Matas, Cortázar o Bolaño, sino también hasta de los estudios de género en la literatura. Es casi un lugar común, y sobran los ejemplos de ficciones en cuyas historias operan argumentos de la crítica literaria.

Sin embargo, que la operación se realice en sentido inverso, es decir, que un crítico «literaturice», deje en sus textos de crítica porciones de ficción narrativa, ya es harina de otro costal. A los gatos se les ponen los pelos de punta. O es un gravísimo problema si antes no se justifica, escuda o guarda su forma bajo el nombre de ensayo, ese «centauro de los géneros», al decir de Alfonso Reyes. Geoffrey Hartman expresaba que, por muy expertos que sean los críticos literarios cuando hablan del lenguaje en el arte, se siguen sintiendo desazonados por él en la prosa crítica. En este caso la prefieren «sólida, sin fluctuaciones». ¿Pero, es la crítica un asunto de sí sí, no no, llevado a cabo mediante una prosa lo más seca posible? Este admirable ideal tiene sus deficiencias. Establece entre el arte y la crítica, con demasiada frecuencia, una distancia más esquizoide que útil. (Hartman 1990: 242)

Una disciplina sigue reglas que le permitirán un trabajo conceptual profundo, riguroso y sostenido, con el fin de alcanzar resultados concretos que expliquen fenómenos, situaciones, estados determinados. Se transforma en un sistema, en una metodología estricta, fuerte, con poca flexibilidad, o con la necesaria para articular un conocimiento sobre alguna particularidad o generalidad. Pero no quiero desviarme hacia reflexiones que caen en terrenos metodológicos. Sólo quisiera dirigirme hacia algo más modesto: la necesidad de manejar la noción de una disciplina que sostenga la escritura de un discurso determinado.

Escribir una tesis sobre la novela histórica latinoamericana y caribeña exige disciplina y rigor para no caer en la vacuidad. Redactar un estudio sobre las migraciones de aves también exige rigor, paciencia, análisis de cada factor. Ambos textos no sólo estarían definidos dentro de una disciplina particular, que observa sus leyes y ordenamientos específicos, también podrían estar sostenidos por una disciplina intelectual, es decir, hechos bajo estrictas observaciones y regímenes con afán de trasmitir los conocimientos, las tesis, las hipótesis o los argumentos que se tengan al respecto.

Es importante «escribir bien» –que es una manera de «ser disciplinado»– para lograr la comunicación. Y «escribir bien» no es sólo conocer cómo se escribe y organiza el texto escrito, o cómo se ubican correctamente las comas o los puntos. Cuando la intención es argumentar, explicar, se enseñan muy bien los dispositivos, las reglas, las leyes que hay que observar para concretarlo en la textura de lo escrito. Así, quienes escriben sobre el «objeto literario», sobre esa «novela histórica latinoamericana o caribeña», o sobre la actualización de los mitos clásicos en el teatro cubano, por ejemplo, saben a qué atenerse a la hora de hacerlo, aun cuando deslicen en sus texturas, «para ornamentar o embellecer la prosa», figuras literarias, cuidados ejercicios de estilo. Los que andan día a día en la academia, conocen muy bien los requisitos exigidos. Son, de hecho, representantes de alguna disciplina: la lingüística, la semiótica, la de los estudios literarios, etcétera.

El asunto no es salvar el mundo, académico o literario, de una supuesta descomposición o esquizofrenia de discursos, o textos que desvirtuarían la solidez pretendida por las disciplinas. Tampoco evaluar los problemas que surgen de esos temores. Otro tema es el que me ocupa en estas páginas, si bien pareciera hallar puntos de contacto con reflexiones sobre tales distancias entre el discurso crítico y el literario o artístico.

Es acerca de una «indisciplina», tal vez rabiosa, sobre lo que aquí se leerá. Tal palabra, que pretendo acomodar a mis propias intenciones, la tomo, pero con otro sentido, de una anécdota que escuché en una ocasión en boca de un profesor puertorriqueño. Contaba que reunidos varios académicos latinoamericanos, uno de ellos propuso, en tono jocoso y ante la proliferación de tantos estudios multidisciplinarios e interdisciplinarios en los medios académicos contemporáneos, pensar o fundar una «indisciplina» dentro del espacio académico actual. La broma esconde un juego serio. Pero el mío sólo se basa en el término y no en el concepto que se puso en juego, valga la redundancia, en dicha reunión.

La indisciplina de la que hablo podría alcanzar varios paradigmas. Pero también podría esconderse en una inasible indefinición o detrás de un término que emergió en las últimas décadas del siglo XX: la «poscrítica». Pudiera ser que la poscrítica oculte dicha indisciplina. Esta es una idea que desarrollaré a lo largo de estas páginas. Por el momento no quiero arriesgar definiciones, términos o conceptos, ni construir modelo alguno de poscrítica.

Adelantemos, por el momento, que lo de la indisciplina es una idea –¿una ficción?– concebida a partir de la lectura de textos que, desde su propia escritura, coinciden en plantearse bajo términos de rotura, que pudiera ser lo mismo que ruptura. Sin embargo, en «rotura» he descubierto otras riquezas semánticas, en las que está implícita, además de la idea de relajación, corrupción y desarreglo –que no me interesan por ahora–, la de arar, la de trabajar con la destrucción para preparar el terreno y poder sembrar una nueva semilla. «Ruptura», por otro lado, tiene mucha carga categórica, lo que no me hace muy feliz. Por el momento, tal vez se pueda mantener aparte, sin que nos contaminen, los términos de «rotura» y «ruptura», y pensar la *indisciplina* como una diferencia en relación con una tradición crítico-literaria y una disciplina académica.

Para llegar a esa indisciplina, he considerado algunos temas teóricos, así como referentes ejemplares que la apoyan. En realidad, debo decir que para llegar a ella, para comprender a qué me refiero, hube de pasar primero por Jacques Derrida —cuyas palabras se han mantenido entonces en mí pero siempre bajo tachaduras—, y luego por dos libros que no sólo representan una literal indisciplina en sus formas, sino que me ofrecieron los basamentos que sirvieron como paradigmas. Uno es *Ella escribía poscrítica*, de Margarita Mateo Palmer. El otro es *Por si nos da el tiempo*, de Julio Ramos. El primero apareció en 1996; el segundo, en 2002. A pesar del tiempo que los separa, el último establece con el primero un diálogo explícito, y, a la vez, ambos tienen en común una salida muy poco ortodoxa dentro del campo de los estudios literarios.

Si uno revisa la recepción que ha tenido, *Ella escribía poscrítica* sobresale, hasta donde tenía noticias, como uno de los libros de ensayo cubanos de la última década del xx más asediados por la crítica. Tan sólo entre 1997 y 2007 —en diez años— el libro recibió la atención de catorce autores, incluyéndome[1]. Ellos le dedicaron ensayos —parcial o totalmente—, reseñas, artículos y partes de libros con la intención de valorar ese «*unicum* de Margarita Mateo Palmer», como diría Luisa Campuzano,

> en que se funden ensayo y ficción para exorcizar desde el abordaje de diversas manifestaciones culturales y el análisis de poéticas y pensamiento contemporáneos, no sólo los demonios de la azarosa contemporaneidad en que se producen o se discuten estas textualidades y estos temas, sino del entorno vital desde el que escribe y sobre el que también reflexiona la autora, omnipresente en sus distintas *personae*. (2002: en línea)

Sorprendidos, motivados, hambrientos quizás por lo que generaba, para muchos su aparición constituyó un acontecimiento total. En las páginas del libro se asomaba un tema que en Cuba, a mediados de los noventa, todavía se hallaba en ciernes: el posmodernismo y la literatura. Pero esto no era todo. La ensayista y profesora universitaria abría caminos, se desplazaba por manifestaciones culturales como el grafiti y el tatuaje, poco visitados por la academia y la crítica hasta entonces. El libro se iba conformando dentro de un entramado de duro y puro ensayismo y fuerte análisis literario que, a su vez, rompía con lo convencional al articular una compleja estructura ficcional.

---

[1] Además, en el año 2009 Ariel Camejo Vento, profesor de la Universidad de La Habana, publicó un texto acerca de él en *Upsalón*, revista estudiantil de la Facultad de Artes y Letras de esa universidad, y María Virginia González, estudiosa argentina, hizo lo mismo en una compilación sobre literaturas en el Caribe y Centroamérica publicada en Buenos Aires en 2010.

Era el colmo. Y el propio Salvador Redonet se hacía eco de ello al calificarlo, en una presentación, como «un ensayo del siglo XXI»[2].

Junto al sujeto de la crítica coexistían personajes dobles, triples, simulados. Al lado de un ensayo sobre Lezama Lima o Cabrera Infante se intercalaban narraciones que contaban los avatares, las disputas y las aventuras de personajes como Dulce Azucena, Surligneur-2 y el Abejorro en un tren, en la calle o en el hogar. La crítica y la ficción hallaban lugar en las mismas páginas de un libro. ¿Cómo entender este procedimiento? ¿Qué créditos podría tener en un mismo espacio crítica y ficción? El libro es provocador, contradictorio, crítico. Que una académica –y no lo digo en tono peyorativo, como se acostumbra– decida incurrir en la ficción no es nuevo; pero, como si no bastara, que incluya sus «ficciones» en un libro de ensayo acerca del posmodernismo y la literatura, llamó mucho la atención.

Evitaré los detalles que ya observaron los críticos. Baste mencionar que desde fecha tan temprana como 1997 subrayaron el carácter transgresor. Idalia Morejón Arnáiz comenzó por destacar el valor fundador para la literatura crítica cubana y el hecho de ser uno de los primeros textos que hablan del posmodernismo cubano desde el posmodernismo. Pedro de Jesús retrató la angustia que le provocaba ese gesto escritural en un ambiente en el que parecía condenado al fracaso. Alessandra Riccio, por su parte, destacó su proyección contradiscursiva dentro del canon literario. Y José Antonio Baujín lo consideró imprescindible para el estudio de la cultura cubana con enfoques teóricos contemporáneos.

En años posteriores, otros irían plasmando miradas coincidentes pero a la vez divergentes. En 2000 Marta Lesmes y Nara Araújo lo valoraron dentro de la producción crítico-literaria femenina y dentro de los estudios de género. Si para la primera el libro se constituía como ejemplo de ambivalencia, al dirigirse desde la academia y contra esta, para la segunda la trasgresión que supone el libro establece un vínculo muy estrecho con lo femenino. Y en una cuerda similar se insertaron los juicios de Belén Castro Morales y Rosa María Grillo, investigadoras que, desde Europa, llamaron la atención sobre él. Por su parte, Alberto Abreu Arcia, en un texto publicado en 2007, aludiría a él como uno de los libros imprescindibles para entender los nuevos paradigmas ensayísticos surgidos en la década de los noventa, y le dedicaría todo un apartado dentro de *Los juegos de la Escritura o la (re)escritura de la Historia*, Premio Casa de

---

[2] No hay huella escrita de sus palabras. Las escuché en 1996, cuando él y Graziella Pogolotti lo presentaron en la Facultad de Artes y Letras de la Universidad de La Habana.

las Américas. Finalmente, desde Alemania el chileno Alfonso de Toro no sólo revalorizaba con exhaustividad la posición del libro en torno al complejo tema de la posmodernidad, sino también lo estudiaba como parte de las estrategias de la *autoficción*, de la meta-autobiografía.

*

Cuando Julio Ramos publicó *Por si nos da el tiempo* (2002), el libro alcanzó ecos muy similares, básicamente por el «espectacular» cambio formal operado en su escritura. Es verdad que no ha tenido la fortuna cuantitativa de *Ella escribía poscrítica*, pero en menos de un año dos de los más importantes periódicos de Argentina le dedicaron notas críticas. Alejandra Laera, en una reseña que publicó *Página/12*, decía lo siguiente:

> En tiempos en los que el discurso de la crítica literaria está siendo cuestionado desde diversos frentes y cuando por momentos parece estar, en efecto, agotando su capacidad imaginativa, la pregunta está siempre al acecho: ¿qué hay más allá de la crítica? ¿Qué es lo que viene después? ¿Cuál sería la forma de la «poscrítica»?

Por su parte, Enrique Foffani, para quien este «relato crítico» dejaba ver «el procedimiento que lo sostiene», escribía lo siguiente en *Clarín*: «Lejos de repelerse, el encuentro entre ficción y crítica admite un intercambio recíproco pero de ninguna manera simbiótico: sus límites no llegan a la disolución».

El grado de recepción de su libro, aunque no sobreabundante como el de Margarita Mateo, justifica que lo detenga e intente explorar algunas vías para comprenderlo, porque de repente se me colaba en la misma zona «poscrítica» que se había señalado en relación con *Ella escribía poscrítica*. Más allá de ese cuestionamiento al discurso crítico literario que menciona Laera, quisiera retener, de ella pero también de Foffani, dos ideas sobre las que volveré con detenimiento más adelante. Me refiero a la forma que pudiera caracterizar a la poscrítica y a la relación simbiótica ficción-crítica dentro de un mismo marco textual.

Ella escribía poscrítica y *Por si nos da el tiempo* han venido a ser momentos de inflexión en la escritura de sus autores, y una llamada de atención. Pero cuánta poscrítica hay en ellos. Si consideramos la producción de Margarita Mateo, aquella que antecede a este libro, el desvío resulta tan significativo como para no pasarlo por alto. Me refiero a *Del bardo que te canta* (1988) y a *Narrativa caribeña: reflexiones y pronósticos* (1990). Algo muy similar ocurre con Julio Ramos: después de *Desencuentros de la modernidad en América Latina. Literatura y política en el siglo XIX* (1989, referencia obligada en el ensayismo académico del siglo XX) y *Paradojas de la letra* (1996), la escritura de *Por si nos da el tiempo* altera, como la de *Ella escribía poscrítica*, un código y una disciplina, que son desviadas de lo que hasta entonces, como académicos ejemplares, ambos habían ofrecido.

Es, por tanto, ese momento de inflexión el que ahora me interesa, el que será objeto de análisis en las presentes páginas. Para llegar a él, pudiera sernos útil, por una parte, dar cuenta del contexto en que se ubica y desarrollan las obras de Margarita Mateo y Julio Ramos; y, por otra, revisar brevemente algunas de las transformaciones ocurridas en la crítica literaria latinoamericana durante las últimas décadas del siglo XX, de las cuales ellos participan en mayor o menor grado.

En consonancia con estas transformaciones, aparece en escena un término, «poscrítica», y su concepto, que es perfilado dentro de un «ambiente posmoderno» a partir de ciertas estrategias discursivas a tono con ese sentido «post». Tomándolos como punto de partida, he tratado de repensar el término y el concepto con el fin de responder no sólo a la pregunta de Alejandra Laera en torno a *Por si nos da el tiempo* –pregunta que desde el futuro y otra geografía llega hasta el mismísimo libro de Margarita Mateo–, sino también con el objetivo de sostener la pertinencia de los múltiples conceptos que le han sido otorgados.

De repente el término de la poscrítica comienza a definir un estilo y a difundirse como tal, sin todavía saberse a ciencia cierta qué representa. Esta extensión puede leerse en «Nuestras anatomías tras la crítica», un artículo en el que su autor, Leonardo Sarría, aborda algunos problemas actuales en la crítica literaria cubana. Para él, la poscrítica oxigena y ensancha las potencialidades de la mirada, sin embargo, advierte que bajo su «tardío influjo» muy bien podrían convertirse en vacuos ejercicios estilísticos los cruzamientos entre ensayo, cuento y reseña (véase Sarría 2007: 64). Su comentario en un texto que toca de pasada la poscrítica obliga a estar más atentos a un término atractivo, generado tal vez para resolver un estilo difícil de escritura cuyas marcas más visibles parecen estar en ese cruzamiento de ficción y no ficción en un texto propiamente de crítica literaria. Pero no todo texto atravesado por la ficción y que tenga la etiqueta de crítico literario, tiene que ser «poscrítico». De esto trata este ensayo, no sobre las funciones de la crítica literaria y cultural, ni tampoco sobre su disfuncionalidad ni sobre su crisis.

No pretendo abarcarlo todo o ser escrupuloso, ni comenzar por Adán y Eva. Acaso mis interpretaciones tengan claves de un fundamento filológico, pero por principio desean ser «hiperinterpretaciones». Este no será el espacio en que se opere, a corazón abierto, el cuerpo textual de dos académicos con el fin de examinar la epistemología que sustentan y los conceptos que quieren poner en juego sus discursos. Esta es una *tesis* que terminaré, como diría Adorno, cuando sienta llegado el final y no cuando no quede resto alguno del tema. Aunque, claro está, no será sobre cambios ni fisuras en la labor escritural y crítica de dos autores que, por una parte, pueden haber roturado un marco tradicional de la crítica, o dentro de este, y, por la otra, haber roto sus propios límites para ubicarse en un espacio fronterizo, en el borde. ¿Una escritura que, simplemente, se ha indisciplinado?

Estudios literarios, estudios culturales

En los estudios literarios latinoamericanos y caribeños es imposible dejar a un lado sus vínculos con teorías y métodos científicos que han visto la luz a lo largo del siglo XX, amén de las ideas que aquellas y estos han incorporado a los discursos particulares de la crítica literaria. De igual manera, no se pierden de vista los planteamientos que por siempre la crítica ha generado: a saber, sus funciones en la esfera cultural, las adhesiones a una estética determinada, la defensa, creación, revisión o rompimiento de un canon, el silencio, la renovación temática para entender qué es la literatura y qué es lo literario, la inclusión en su aparato categorial de nuevos temas, autores y objetos literarios y la conceptualización de manifestaciones literarias que antes pudieron ser desechadas.

La crítica a la literatura se ha presupuesto bajo la descripción y la valoración de un determinado objeto literario por zonas temáticas o genéricas (novela, cuento, teatro, poesía), el análisis de sus estructuras lingüísticas (que roza lo teórico y lo científico: la estilística, la semiótica, la narratología, la sociocrítica), y su caracterización tanto sincrónica como diacrónica (es decir, la revisión que corta determinado período histórico, o aquella que establece relaciones consecutivas por épocas históricas y por generaciones). Junto con todo esto, también ha sido entendida como aquella instancia de la cultura que, además de hurgar en el objeto literario los valores estéticos o sociales que expresan, también describe y perfila juicios de valor con el fin de guiar al lector hacia la comprensión, aceptación o rechazo del material literario.

«La crítica literaria», ha escrito Siegfried J. Schmidt, «surge como nueva instancia social de la vida pública burguesa, que intenta legitimarse a través de una necesidad de mediación hermenéutica entre autor, lector y obra literaria»

(1996: 36). Esta definición tiene su base en el cambio o la reconfiguración de la literatura en cuanto institución o sistema social literatura, que constituye un «sistema autónomo y autoorganizado, parcial constitutivo de la sociedad» (Schmidt 1996: 43) y surge a partir del siglo XVIII como parte de la diferenciación funcional de la sociedad. En este sentido, para Jacques Dubois,

> la institución llamada literatura descansa sobre cierto número de instancias cuya primera función es proporcionarles a los escritores y a sus obras el reconocimiento de una identidad y de una clasificación. Esas instancias, por lo demás bien conocidas, son el dispositivo editorial, la crítica, los jurados, las academias y la enseñanza literaria, sin hablar de los cenáculos, salones y revistas. Las cuatro instancias principales se escalonan en la trayectoria que siguen las obras en su acceso progresivo a la notoriedad y someten esas obras a las sucesivas pruebas de la selección, el reconocimiento, la consagración y la conservación. (Dubois 1988: 45)

Estas ideas, a grandes rasgos, han comprendido de alguna manera la noción que se tiene de la crítica literaria en nuestro ámbito intelectual, sea en su versión académica o periodística. Pero pudiéramos agregar, basados en cierta proposición funcionalista, la siguiente definición: «La crítica literaria es un metalenguaje, un discurso sobre un discurso. Esto es, un discurso disciplinario aplicado sobre un discurso artístico[1]» (Aullón de Haro 1994: 21). Un investigador la ha resumido de la siguiente manera (bastante cientificista, por cierto):

> El objetivo (la función) del análisis crítico-literario es la influencia activa sobre todos los eslabones del proceso artístico: los principios de la actitud del escritor hacia la realidad, su maestría, toda la conciencia creadora del artista; la «lectura» y la interpretación de la obra y el carácter de su influencia en el lector, la formación del gusto del lector y la orientación de los intereses de los lectores; la creación de una opinión pública en torno a la obra y el aseguramiento de estatus ontológico-social de la misma, de la influencia inversa del arte sobre la vida, y así sucesivamente. (Bórev 1986: 51)

---

[1] La definición de Aullón retoma la de Roland Barthes: «La crítica es un discurso sobre un discurso; es un lenguaje segundo o meta-lenguaje (como dirían los lógicos), que se ejerce sobre un lenguaje primero (o lenguaje objeto)» (Barthes 1973: 304).

La crítica no está exenta de una serie de condicionamientos ideológicos y extraliterarios, concepciones de la realidad social que modifican su campo de acción, sus propuestas, sus fines, su modo y hasta método de trabajo. En este sentido, recordemos, por ejemplo, las valoraciones de Terry Eagleton al referirse al New Criticism que floreció en los Estados Unidos entre los años treinta y cincuenta del pasado siglo y que, con el afán de concebir estructuras inmanentes al texto literario, «encerraba la ideología de una *intelligentsia* desarraigada, a la defensiva, que reinventó en la literatura lo que no podía localizar en la realidad» (1988: 33).

En las últimas décadas, las orientaciones conceptuales diseñadas dentro de la crítica se cruzan con una variedad de disciplinas y escuelas de pensamiento hasta conformar un complejo entramado de conceptos, categorías y definiciones provenientes de las más disímiles esferas del pensamiento social. Cabría recordar, a manera de botón de muestra, no sólo los estudios literarios que se basan en conceptos del psicoanálisis desarrollados por Freud y, más tarde, Lacan, sino también en los aparatos teóricos que encuentran en las disciplinas lingüísticas un depósito de categorías para el análisis de la obra literaria.

Entre los primeros, Eagleton recuerda, en el citado libro suyo, a dos críticos de los Estados Unidos, «ambos en deuda con Freud»: Kenneth Burke y Harold Bloom:

> El primero fusiona eclécticamente a Freud, a Marx y a la lingüística, y produce una sugerente visión de la obra literaria como una forma de acción simbólica. Harold Bloom se sirve de la obra de Freud para lanzar una de las teorías más atrevidas y originales del último decenio [la de la «angustia de las influencias»]. (Eagleton 1988: 33)

Y entre aquellos que recurrieron a las disciplinas lingüísticas, aparece Julia Kristeva, quien en los años sesenta reunió, por una parte, los nuevos impulsos que la semiótica estaba dando en el ámbito de las humanidades y, por la otra, conceptos de la teoría de la gramática generativa y transformacional de Noam Chomsky (Eagleton 1988: 33).

En *El mundo, el texto y el crítico* (1984), Edward W. Said reunió un conjunto de ensayos escritos entre 1969 y 1981 dedicados a trazar la polémica entre las diversas formas de hacer crítica literaria y las últimas versiones o modelos (estructuralismo, desconstruccionismo, semiótica), hasta ese momento, de las nuevas teorías literarias. La preocupación de Said tenía mucho que ver con el divorcio existente entre «el espacio cultural y el saber especializado» y «sus conexiones reales con el poder»:

> Decimos a nuestros estudiantes y a nuestra audiencia que defendemos los clásicos, las virtudes de una educación liberal y los raros placeres de la lectura al mismo tiempo que nos callamos (quizás por incompetencia) frente al mundo social e histórico en que estas cosas tienen lugar. (Said 1987: ii)

En el espacio intelectual de la América Latina, así como en la perspectiva de los cambios de paradigmas interpretativos en los estudios literarios, Silviano Santiago comenta las transformaciones en los presupuestos y en la metodología de la crítica literaria brasileña con respecto a lo literario entre los años de 1979 y 1981, algo que ya venía incubándose, como comenta Carlos Rincón, desde finales de los años cincuenta: «La proclamación de una necesaria renovación metodológica, de un remozamiento de conceptos instrumentales y procedimientos de análisis» (1990: 29).

En «Crítica cultural, crítica literária: desafíos do fim de século», Santiago ejemplifica este cambio cuando da cuenta de la percepción que, por ejemplo, despierta en Heloisa Buarque la lectura de *Retrato de época (um estudo sobre a poesía marginal da década de 70)*, de Carlos Alberto. En él la citada autora «detecta "cierta incomodidad de los intelectuales en relación con su práctica académica", cuya aparición estaba siendo delineada "por la proliferación de estudios recientes (incluyendo ahí un significativo espectro de reflexión universitaria joven) en el registro de la perspectiva antropológica"». Heloisa, expresa Santiago, sentirá que con el tratamiento que el crítico hace de los poemas y de las entrevistas a los autores hay una grosera inversión en el «tratamiento metodológico de textos tan dispares [que] desestabilizaría de manera definitiva el concepto de Literatura, tal como fue configurado por los teóricos dominantes en el escenario de las Facultades de Letras nacionales y extranjeras» (Santiago 1997: 365-366[2]).

---

[2] He aquí la versión original de la cita: «Voltando ao artigo de Heloisa Buarque, percebe-se que ela, a oler o libro *Retrato de época (estudo sobre a poesía marginal da década de 70)*, detecta "un certo mal-estar dos intelectuais em relação à sua pratica acadêmica' cuja saída estava sendo desenhada pela 'proliferação de estudos recentes (reunindo-se aí uma expressiva faixa da reflexão universitaria jovem) no registro da perspectiva antropológica" [...] Essa grosseira inversão no tratamento metodológico de textos tão dispares [...] destabilizaria de maneira definitiva a concepção de Literatura, tal como era configurada pelos teóricos dominantes no cenário das Facultades de Letras nacionais e estrangeiras».

Años antes, Ángel Rama y Antonio Cornejo Polar, dos importantes investigadores y críticos que marcaron nuevas orientaciones en los estudios literarios latinoamericanos[3], expresaron ideas similares en cuanto a la forma de teorizar o comprender el paradigma de lo literario en el espacio cultural latinoamericano. Y cuando se interrogan acerca de la transformación operada en los estudios literarios latinoamericanos a lo largo de los años sesenta y setenta, argumentan la necesidad de cambiar muchas de las perspectivas que se asumen en el campo de la crítica, la teoría y la historia literaria continental como, por ejemplo, el concepto de literatura con que la crítica latinoamericana había trabajado hasta ese entonces y que fue tomado, en lo fundamental, a partir de una tradición europea. Dice Cornejo Polar:

> ¿Qué pasa con las literaturas orales de América Latina? Han sido doblemente negadas: por un lado, con frecuencia, se las niega como literatura a partir de un concepto de literatura culta que supone la escritura; y, por otra parte, se les niega la categoría de literatura nacional o latinoamericana, puesto que no la incorporamos al conjunto de los textos[4]. (Cornejo Polar & Rama 1980: 10)

A tales consideraciones, asimismo, se les puede establecer cierto paralelo con otras que no sólo buscaban revisar el propio canon, sino también ir más allá del campo literario tradicional para rozar y penetrar terrenos de la cultura antes no explorados por la crítica literaria. Ejemplo de ello fueron las clases del programa «Proyectos político-culturales en la Argentina», que se abrieron en la Universidad de Buenos Aires, justo por esos años setenta, que conllevaron una revisión en los predios universitarios «respecto de lo que se enseñaba habitualmente en las aulas», y que ampliaron «considerablemente el criterio de lo literario con la apertura a las historietas, los guiones fílmicos, los libretos radiales, las notas periodísticas ficcionalizadas, etc.» (Romano 2007: en línea). De hecho, lo que le llama la atención a Heloisa Buarque, y sobre lo que llama la atención Silviano Santiago, no es otra cosa que el acercamiento de unos

---

[3] Como expresara Nara Araújo, «este es un período (de los 70 a los 90) donde predominan las formulaciones que replantean tanto al objeto de estudio como a su crítica [...]. También son los años de culminación de un largo y fecundo proceso de praxis en la cátedra y en los libros de dos figuras centrales de la teoría y la crítica latinoamericanas: Ángel Rama y Antonio Cornejo Polar [...]» (2001: 63).

[4] Los ecos de tal advertencia pueden ser palpables, por ejemplo, en un libro de ensayo que mereció en 1989 el Premio Casa de las Américas. Me refiero a *La voz y su huella*, de Martin Lienhard.

estudios literarios hacia temas que tienen mucho interés en otros campos y disciplinas como la antropología o la sociología.

Ahora bien, estamos hablando de una reorganización de conceptos y teorías en el ámbito de las humanidades que tiene lugar a finales de los años setenta y principios de los ochenta. Estamos, también, ocupando los terrenos de las ciencias sociales y de la antropología. Y estamos observando, finalmente, la aparición, dentro de un grupo de críticos y académicos latinoamericanos, de una corriente de pensamiento teórico y crítico en la América Latina (pero también en el mundo latinoamericanista de los Estados Unidos) que generaría una práctica discursiva donde se dejaban detrás los límites del «texto literario» para expandirse hacia otros aspectos de alcance sociocultural y reubicarse allí. Néstor García Canclini, uno de aquellos protagonistas, lo dice de esta manera:

> A fines de los años sesenta, sin embargo, comienzan a escribirse estudios más o menos sociológicos de la cultura en los que se trasgredía esa tendencia [a dejar fuera las culturas populares consideradas como rezagos destinados a evaporarse]. Por una parte, la efervescencia política y social de esa década [...] llevó a artistas y escritores a interrogarse no tanto por cómo eran las relaciones entre arte y sociedad, sino por cómo debían ser. En medio de esa bibliografía abrumadoramente voluntarista, algunos historiadores del arte y la literatura fueron situando las utopías y las consignas en descripciones sociológicas sobre las relaciones entre productores, intermediarios y públicos. (1991: 44)

Una revisión de las fechas en que los libros de Canclini fueron apareciendo permite corroborar estas tendencias y los temas que empezaban a ser abordados con sentidos transdisciplinarios: 1982: *Las culturas populares en el capitalismo*; 1989: *Culturas híbridas: estrategias para entrar y salir de la modernidad*; 1999: *La globalización imaginada*; 2002: *Latinoamericanos buscando lugar en este siglo*; 2004: *Diferentes, desiguales y desconectados. Mapas de la interculturalidad*. Por supuesto, otros integran esta relación de «actores» de esa crítica distinta, como Beatriz Sarlo, George Yúdice, Nelly Richard, Carlos Rincón, Jesús Martín Barbero, John Beverley o Mabel Moraña. Ellos forman parte del *stablishment* académico, dirigen programas de estudios universitarios e integran cátedras, departamentos y puestos clave en centros de enseñanza superior latinoamericanos, estadounidenses y europeos. Y sus ensayos, libros y conferencias configuran propuestas temáticas no sólo en torno a la globalización y la mundialización, los medios de comunicación, las industrias culturales, la cultura de masas y las culturas populares en un redefinido espacio urbano, sino también la subalternidad, las cuestiones de género y raza, lo local, lo nacional y lo mundial en el nuevo contexto de la globalización, la modernidad y la modernización y, *last but not least*, el posmodernismo y la posmodernidad en el ambiente específico de las sociedades latinoamericanas, con todas las polémicas y debates que implicaron en el decursar de las últimas tres décadas del siglo xx.

Este es, más o menos, el horizonte en el que se ubican la obra de Margarita Mateo y la de Julio Ramos, quienes escriben en medio de una producción crítica conectada con toda una estela de asuntos sobre la cultura latinoamericana, en sentido general, y en la que se cruzan el estudio de las prácticas literarias y el de las sociales, políticas e históricas[5]. Sin embargo, ¿en qué otro contexto emergen estos estudios culturales latinoamericanos? Las fechas a las que ya hice referencia fijan el margen de territorio cronológico con el que pudiéramos entendernos con comodidad y establecer ese otro margen de territorio conceptual.

Justamente por esos mismos años –Carlos Rincón lo sitúa entre 1979 y 1981[6]– ya estaba colocado el intenso debate sobre la posmodernidad, lo posmoderno y el posmodernismo, por una parte, y la modernidad y lo moderno en el específico territorio geográfico, económico, social y cultural de la América Latina, por la otra[7]. De hecho, parte de los debates que se hacían en los estudios

---

[5] En Moraña 2002 pueden encontrarse diversos acercamientos al tema. Por otro lado, los estudios culturales, popularizados en casi todos los espacios académicos e intelectuales del Continente, no dejan de trabajar problemas que ya desde finales de los noventa se debatían, ni mucho menos eliminan preocupaciones como las de Beatriz Sarlo en cuanto a la reducción del valor estético frente al valor social de una obra literaria.

[6] «Entre 1979 y 1981 el debate sobre el posmodernismo entró a nivel internacional en una nueva fase: la de las complejas teorías generales acerca de lo posmoderno como concepto de época» (Rincón 1996: 103). De 1979 es *La Condition postmoderne: rapport sur le savoir*, de Jean-François Lyotard. Julia Kristeva publicó en 1980 un «Postmodernism?». Ihab Hassan discutió problemas relacionados con su teorización en un libro publicado en 1982: *The Dismemberment of Orpheus: Toward a Postmodern Literature*. Jürgen Habermas, uno de los críticos de lo posmoderno por considerarlo un fenómeno que no concluye o lleva a efecto los valores positivos de lo moderno, había sacado a la luz en 1981 el artículo «Modernity versus Postmodernity» en la revista *New German Critique*, y después, en 1990, escribiría «La modernidad, un proyecto inconcluso». Las fechas, como puede apreciarse, son indicativas. Un volumen reciente, editado por el Centro Teórico-Cultural Criterios (Navarro 2007), recoge parte de sus críticas, que van desde aquellos años ochenta hasta principios del presente siglo, y firmadas por autores de casi todos los continentes.

[7] Al respecto hay bastante literatura. Pongo dos referentes: 1) José Joaquín Brunner: «Entonces, ¿existe o no la modernidad en América Latina?», ponencia leída en una reunión del Consejo Latinoamericano de Ciencias Sociales (CLACSO), celebrada en octubre de 1987. La publicó *Punto de Vista* en su número 31 de noviembre-diciembre de ese mismo año. 2) Nelly

culturales se vincula a los grandes temas que, en torno a la posmodernidad –en su sentido histórico o como corriente estética–, harían correr ríos de tinta entre escritores, académicos, filósofos e intelectuales en casi todos los continentes.

Tramado y debatido el posmodernismo como concepto no sólo epocal sino también estético, visto por otros como un episodio dentro del panorama mundial, entró en la agenda del debate y el posmodernismo devinieron términos cuyas conceptualizaciones y posibles periodizaciones implicaban un determinado signo histórico y los componentes que fluctúan en él[8]. Háblese de lo social, lo cultural, lo teórico, lo artístico, lo literario, lo estético, lo político, lo económico, en fin, de las diversas esferas que actúan en el entramado de la sociedad contemporánea.

El colofón de lo posmoderno ha venido a ser algo así como «crisis de totalidad y pluralización del fragmento, crisis de unicidad y multiplicación de las diferencias, crisis de centralidad y desbordamiento proliferante de los márgenes», rasgos que también nombran una mezcolanza de modos y modas, al decir de Nelly Richard (1999: 367). Su concepto y la palabra que lo designa, así como sus discusiones, se pusieron al orden del día en muchas zonas del mundo intelectual. Linda Hutcheon recuerda las connotaciones negativas que se entrelazan bajo las definiciones de lo posmoderno: «[…] oímos hablar

---

Richard: «Latinoamérica y la Posmodernidad», artículo publicado en *Posmodernidad en la periferia*, Berlín, 1994. El primer capítulo de *Ella escribía poscrítica* analiza cómo el discurso crítico, en un intento por mostrar una actualización sin medida –es decir, una frenética puesta al día de teorías y juicios críticos–, se hacía eco de estas corrientes de pensamiento posmoderno, originadas en Europa o los Estados Unidos, a la hora de evaluar la literatura del Continente, sin considerar las peculiaridades y la historia de las literaturas de América Latina y el Caribe. En este sentido, Carlos Rincón expresa que «lo que se conoce internacionalmente como la "literatura del *boom*" fue reabsorbido dentro de los marcos epistemológicos y conceptuales posmodernos». Y cita el ejemplo de cómo para el narrador estadounidense John Barth, signatario de un manifiesto de la «ficción posmoderna» –«The Literature of Replenishment: Posmodernist Fiction», de 1980–, *Cien años de soledad* era un paradigma de texto posmoderno. Véase Rincón 1996: 102.

[8] En relación con sus posibles conflictos de orden terminológicos, el brasileño Renato Ortiz comenta, a la altura de los años noventa, que el término ya había sido reconsiderado –por la ambigüedad de ese post e incluso por los mismos que lo acuñaron en los ochenta– y se prefiere ahora hablar de una sobre o alta modernidad, o de un capitalismo tardío, como el que aporta Fredric Jamenson en su «La lógica cultural del capitalismo tardío». Así, a propósito de Lyotard, señala Ortiz: «Ni la modernidad ni la posmodernidad pueden ser identificadas y definidas como entidades históricas claramente circunscriptas, la segunda llegando siempre después de la primera […]» (Ortiz 1997: 42).

de discontinuidad, desorden, dislocación, desbalanceo, indeterminación y antitotalización» (1996: 131).

Los estudios culturales se afianzan en medio de una creciente y emergente discusión en torno a lo moderno y lo posmoderno como conceptos o términos históricos. Ellos, pudiéramos decir, corren paralelamente al debate sobre la posmodernidad y el posmodernismo, y tienen momentos pico en que tocan, rozan, ese debate. Están incorporados en ese debate y están penetrados por él y por todo ese conjunto de propuestas teóricas y críticas que tiene lugar en la segunda mitad del siglo xx.

Sobre un término y su concepto

Fue en un ensayo, incluido dentro de una compilación sobre la posmodernidad, donde por primera vez se asomó –hasta donde conozco– el término y el concepto de la «poscrítica», asociados a ciertas prácticas del discurso crítico literario en el interior de un contexto exclusivamente posmodernista. El volumen se titula *La posmodernidad*, apareció en 1985 y lo compiló y prologó Hal Foster (en 1988 apareció en español). El ensayo, con el sugerente título de «El objeto de la poscrítica», construía un nuevo escenario en el que la crítica rompía con las formas tradicionales de su quehacer escritural sobre la base de procedimientos como el *collage* y el montaje en el aparato discursivo del escritor, y a partir del «cambio en la relación del texto crítico con su objeto, la literatura». Las primeras palabras de su texto no pueden ser menos que espectaculares:

> Lo que está en juego en la controversia que rodea la escritura crítica contemporánea resulta más fácil de comprender cuando se sitúa en el contexto del modernismo y el posmodernismo. El problema es la «representación», de manera específica, del objeto de estudio en un contexto crítico. La crítica se transforma ahora de la misma manera que la literatura y las artes se transformaron mediante los movimientos de vanguardia en las primeras décadas de este siglo. La ruptura con la «mimesis», con los valores y suposiciones del «realismo», que revolucionó las artes modernistas, está ahora en movimiento (tardíamente) en la crítica. (Ulmer 1988: 125)

Sin embargo, ¿a qué «crítica» se está refiriendo Ulmer? ¿La que se produce dónde? ¿La escrita por quiénes? Son autores ubicados en el contexto teórico y crítico europeo y estadounidense, más específicamente en el campo postestructuralista. Ulmer subraya que en el texto crítico de sus ejemplos se descubre una forma diferente de asumir el objeto de estudio, un modelo que sus detractores consideran parasitario y solipsista. Lo que haría el «poscrítico» sería «montar» dentro de su texto al objeto literario o artístico y, tocando la cuerda de Barthes, seguir «el camino emprendido por los mismos artistas [tocando] directamente el lenguaje» (1998: 130). Hasta ahora eso no es nuevo para la crítica literaria, cuya escritura siempre ha vivido de esa manera: tomando los textos sobre los que versa, relacionándose con ellos, comentándolos y atravesándoselos, mediante citas directas o indirectas que inserta en su escritura. De este modo, la «poscrítica» de Ulmer permite «comunicar el conocimiento de las disciplinas culturales a un público general, que es lo que afirman desear los críticos normales, los llamados humanistas» (1998: 159).

Resumo aquí los principios que propone Ulmer, que se reducen al modo en que el texto crítico re-presenta —vía el *collage* y el montaje— al texto objeto de estudio en su espacio crítico-literario. Las bases operativas del collage, según la definición del Grupo m que él ofrece, son «tomar un cierto número de elementos de obras, objetos, mensajes preexistentes, e integrarlos en una nueva creación a fin de reproducir una totalidad original que manifiesta rupturas de diversas clases» (1998: 157). La operación se puede dividir teniendo en cuenta los siguientes pasos: corte de mensajes formados previamente o existentes; montaje; y discontinuidad o heterogeneidad. El *collage* «sería la transferencia de materiales de un contexto a otro, y el "montaje" es la "diseminación" de estos préstamos en el nuevo emplazamiento» (1998: 127). El corte de materiales y mensajes preconcebidos serán montados en un nuevo espacio, adquiriendo otras dimensiones. De aquí la discontinuidad y la heterogeneidad.

Uno los autores que toma para proponer este cambio de paradigma crítico es Jacques Derrida, de quien Linda Hutcheon, dicho sea de paso, afirma que sus textos «no pertenecen al discurso filosófico ni al literario, aunque formen parte de ambos de una manera deliberadamente autorreflexiva y contradictoria» (1996: 144). Llama la atención cómo el propio Derrida reconoce una especie de indisciplina en su trayectoria crítica. Lo hace cuando examina sus veinticinco años de labor como «escritor de tesis»:

> Estaba claro para mí que la marcha de mis investigaciones no podría ya someterse a las normas clásicas de la tesis. Estas «investigaciones» no reclamaban sólo un modo de escritura diferente, *sino un trabajo transformador sobre la retórica, la puesta en escena y los procedimientos discursivos particulares*, especialmente ese tipo de texto que se llama «tesis»... [Así] me alejé de una escritura guiada por el modelo

de la tesis clásica, esto es, de una preocupación de reconocimiento por parte de las autoridades académicas. (Derrida 1989: 23-24; énfasis mío)

Gregory Ulmer interpreta la estrategia derrideana con el objetivo de pensarlo desde una posición crítico-literaria. Para él, esa estrategia plantea la revisión del tradicional vínculo entre el texto crítico y su objeto de estudio. De esta forma, la escritura crítica pone en juego un nuevo nivel de *representación*, organiza todo un movimiento en el que se pasa

> *del comentario y la explicación, que se apoyan en conceptos, al trabajo por medio de ejemplos,* tanto la sustitución de ejemplos para argumentar en la propia escritura como para abordar el objeto de estudio (cuando es otro texto crítico o teórico) y el nivel de los ejemplos que utiliza. (Ulmer 1988: 135; énfasis mío).

Esta estrategia discursiva, que Ulmer llama mimo, es la formulación derrideana de la nueva mimesis de sobreimposición, lo cual puede traducirse como una forma de concebir el texto crítico a partir de un complejo de relaciones entre este y su objeto de estudio. Lo que me interesa destacar es que esta forma de mimesis, en la práctica del montaje de Derrida, trabaja bajo el supuesto de que «el texto imita a su objeto de estudio» (1988: 137). Y esto será clave en la conformación de ese estilo crítico que provoca afirmaciones como las de Hutcheon.

Antes que se publicaran estas propuestas de Ulmer, aparecía en Francia un ensayo en el que se planteaban ideas similares aunque bajo enfoques distintos y marcados por un concepto en boga, el de la intertextualidad. Titulado «La intertextualidad crítica», el ensayo abordaba la construcción de un *texto crítico* mediante procesos escriturales que permitieran la aparición en el discurso crítico literario de una *verdadera intertextualidad,* según se la entiende desde la perspectiva del discurso poético. De esta manera, «el nuevo texto tendrá él mismo las características de densidad y pluralidad sémica que distinguen al texto poético» (Perrone-Moisés 1997: 187). Es decir, si en el discurso poético se densifica la información y se complejiza a partir de las relaciones con sus intertextos, en el crítico podría suceder lo mismo.

La idea anterior discute los límites establecidos entre obra crítica y obra literaria, justamente porque las fronteras «entre crítica y poesía se mantiene[n]» inalterables (1997: 184), ya que choca con uno de los presupuestos que sigue y persigue la obra crítica: descodificar la información altamente codificada en el discurso literario. Es decir, que la crítica literaria, como diría Pedro Aullón de Haro, mantenga la condición de ser «aquella [elaboración racional] que predominantemente intenta interpretar o analizar el objeto» (1994: 18).

El problema que introducen las reflexiones de Perrone-Moisés tiene que ver con la identificación de obra poética y obra crítica, lenguaje objeto y metalenguaje, y cómo distinguirlos en calidad de textos de una misma *realidad*: el lenguaje. Lo menciona también Roland Barthes –de cuya propuesta se hacen eco tanto ella como Ulmer–, quien concluye que las categorías de literatura y crítica ya no podían mantenerse separadas, que ahora sólo había escritores. La relación del texto crítico con su objeto de estudio debía concebirse no ya desde el punto de vista del sujeto-objeto, sino del sujeto-predicado (los autores y críticos se enfrentan al mismo material: el lenguaje) y el «significado» crítico es un «simulacro» del texto literario, una nueva «floración» de la retórica que actúa en la literatura. Según él, el texto crítico, sugeridor de una transformación sistemática que relaciona las dos escrituras, resulta una analogía de su objeto con una perspectiva distorsionada, a la que, en la poscrítica, se une la analogía del *collage*/montaje trabajado por Ulmer.

Todas estas consideraciones abren la noción de escritor, en la que participan sin discriminación ni límites tanto el poeta como el crítico, ambos actores de lo literario, y ambos con las mismas oportunidades de *valor ante el lenguaje* (cada cual, en cambio, sabrá aprovecharlas y disponerlas mejor o peor). Para resumir: es una práctica escritural la que intenta abolir las fronteras entre dos formaciones discursivas, y que tiene en parte de la obra de los que ellos citan –Jacques Derrida, Maurice Blanchot, Michel Butor y el mismo Barthes– una especie de paradigma de lo que para Ulmer es la «poscrítica», mientras que para Perrone-Moisés se trata de una crítica que puede ir más allá de la cita y llegar al intertexto.

Cuando Ulmer interpreta las variantes críticas de Derrida, tiene en su horizonte el posmodernismo y la poética que lo ha caracterizado. Pero no es el mismo horizonte que el de Perrone-Moisés (su ensayo es de 1976), aun cuando ella da cuenta de textos críticos cuyas características poseen semejanzas con los que argumenta Ulmer. No se debe perder de vista que el concepto de intertextualidad con el que comienza a trabajar Perrone-Moisés nace en un contexto asociado a algunas de las poéticas que definen el posmodernismo. De hecho, la teoría de la intertextualidad, que no es el mero estudio de las formas de relaciones concretas entre un texto y otro, ni tampoco una «crítica de las fuentes», comienza a generalizarse a partir de los trabajos de Julia Kristeva en la década de los sesenta y alcanza su esplendor justo entre los años setenta, ochenta y noventa del pasado siglo, al calor de las discusiones y teorizaciones del posmodernismo. De ahí que Desiderio Navarro exprese cómo el término-concepto hizo posible no sólo visualizar nuevos problemas teóricos avecindados en las formas tradicionales y modernas de intertextualidad, como la parodia, el centón, la palinodia, el pastiche, el plagio o el *collage*,

> sino también las que están siendo creadas por la praxis literaria viva –la posmodernista, por ejemplo, que ha hecho de la intertextualidad un verdadero objeto de culto, hasta convertirse con frecuencia, más que en la «cámara de ecos» del Texto barthesiano, en un «pla(y)giarism», en un «canibalismo aleatorio de todos los estilos pasados», para utilizar sintéticas descripciones de Federman y Jameson. (1997: vi)

Escudriñar en un término y su concepto entraña riesgos cuando encontramos reflexiones que coinciden en lo segundo pero divergen en cuanto a lo primero. Si bien las reflexiones de Ulmer y de Perrone-Moisés llegan a puntos de coincidencia, no se puede hablar con seguridad –al menos yo no puedo hacerlo– de una definición de la poscrítica. Quizás nunca exista.

Pero otra definición del término aparece entre los críticos, y se argumenta como una

> [p]osición crítica que tiene como presupuesto la conciencia por parte del crítico de la inutilidad de la propia función. Según este punto de vista, el crítico pierde el papel tradicional de mediador entre arte y público, deviene irresponsable, pierde cualquier certeza y el rigor de la ideología. Su movimiento es un viaje en sintonía con la obra, justificado en una relación de intenso intercambio, y su mirada no escruta, sino que participa y cala intensamente en la materia del arte[1].

---

[1] Esta definición aparece en el «VocA.B.O.lario» de *A.B.O. Le arti della critica*, catálogo de la exposición homónima con la que el curador Angelo Capasso homenajeó al crítico de arte italiano Achille Bonito Oliva. He aquí la versión en su idioma original: «[p]osizione critica che ha come presupposto la coscienza da parte del critico dell inutilità della propria funzione. Secondo questo punto di vista il critico perde il ruolo tradizionale di mediatore tra arte e pubblico, diviene irresponsabile, perde ogni certezza e il rigore dell ideologia. Il suo movimento è un viaggio in sintonia con l opera fondato su un rapporto d intenso scambio, e il suo sguardo non è scrutatore ma partecipe e intensamente calato nella materia dell arte». Véase <http://achillebonitoliva.com/articritica/vocabolario.htm>.

Esta concepción de la poscrítica queda identificada aquí con un estado de crisis total y completa. Identificación, por cierto, que tiene paralelismo con algunas ideas de carácter similar sobre el posmodernismo, entre ellas la de los supuestos fines: de la historia, de las ideologías, del sujeto, del autor, de la obra, etcétera. Ya los propósitos del crítico no pueden ser mediar entre la obra y el público, o indicar su autoridad, puesto que parece llegarle la hora en que su responsabilidad no es cierta, mientras que su capacidad se reduce a operar en sintonía, y sólo así, con su objeto de estudio.

¿Sólo queda hablar estéticamente de un obrar puramente estético? ¿El texto poscrítico se vuelve entidad autónoma que en todo caso devora a su objeto, aniquilándose a sí mismo dentro de ese «canibalismo»? ¿Ya la crítica no escruta el objeto literario desde su privilegiada razón y desde sus proyectadas distancias –subrayo el plural–, cuando su «autor» lo mantenía a una muy prudencial distancia, de modo que no contaminara el discurso de la verdad del que es portador? ¿Ahora participa de él y absorbe para sí la esencia de la «materia del arte» y de la «ficción»?

Cesare Segre, que discurre acerca de la ficción literaria, no puede escapar a la «crítica», ni referirse a esa actividad racionalizadora e interpretativa que se ha visto enfrentada a la literatura, porque de ella saca sus conclusiones, aunque, cuando lo hace, no pocas veces termina creando una nueva construcción, que «es, sin duda, una ficción, que sin embargo se esfuerza en representar del modo más adecuado los materiales de la construcción literaria: garantizada por una actitud filológica» (1985: 21). Pero Segre marca dos polos de esa actividad. Uno aclara los contenidos; el otro combina, asocia, realiza una prospección en forma creativa del texto, de manera que su creatividad puede llegar al extremo de anular cualquier distinción entre literatura y crítica.

Uno se pregunta entonces si en ese ejercicio poscrítico descrito en ese «VocA.B.O.lario» queda desvirtuado y obsoleto aquello de que «la crítica literaria surge como nueva instancia social de la vida pública burguesa, que intenta legitimarse a través de una necesidad de mediación hermenéutica entre autor, lector y obra literaria» (Schmidt 1996: 36). Y dónde quedan entonces las consideraciones sobre los modelos institucionales o las «autoridades» de legitimación de lo literario, entre los cuales la crítica se reserva y desempeña un papel importantísimo. Sobre la base de esta definición, el cambio de paradigma ya no anularía, sino que revolucionaría las instancias y relaciones culturales de la sociedad y hasta a ella misma.

Como si esa poscrítica fuera una prueba fehaciente de que las interrelaciones ya no serán de orden «burgués», o como se le quiera llamar a las jerárquicas formas de relaciones sociales modernas. Las implicaciones de esta definición italiana alcanzan grados e instancias sociales que en la actualidad no han perdido su función. Bastaría con abrir cualquier publicación periódica en sus páginas literarias para demostrar que esa instancia cultural se mantiene incólume, muy responsable con su objeto y en algunas ocasiones en total sintonía con él.

Casi toda «escritura y pensamiento críticos», sea cual fuere el origen, nunca serán irresponsables, por más que lo quieran aparentar tras las máscaras de ciertos juegos estilísticos. Pudiera haber una poscrítica irresponsable, que haya perdido las vigas ideológicas. Mas si obviamos lo de la irresponsabilidad, la poscrítica que se define en lo de Bonito Oliva parece estar más cerca de lo utópico que de lo real-actual. No obstante ser una de las pocas descripciones que he podido hallar, Perrone-Moisés deja bien claro que ese aspecto positivo, por decirlo de alguna manera, de una crítica que opere participativamente con la materia del arte, está un poco lejos de la realidad, porque

> La verdadera intertextualidad sólo será posible cuando los dos muros [que separan la frontera del género, la institucional, y la del texto, la económica] hayan caído, *y eso implica la caída de muros mucho más vastos que los de la literatura*. (1997: 186; énfasis mío).

Sus palabras son de 1976, y hoy mantienen una absoluta vigencia.

*

Se esconde detrás de lo «poscrítico» un juego de trabajo crítico. Es un juego que quizás, y es mi intención, se puede desarrollar y relacionarlo con los procedimientos discursivos intertextuales en la crítica a los que Ulmer y Perrone-Moisés hacen referencia.

Sea académico o no, el sujeto de la crítica puede hacer valer su palabra y su relación con el objeto literario por encima de la negación personal a la que los deberes de crítica lo tenían restringido. Pero en ese «post» parece haber una acción que va más allá de las exigencias de impersonalidad (cero Yo), aunque hoy día hay más conciencia de que la supuesta «impersonalidad» de quienes hacen la crítica está cuestionada. Porque sea la que sea, la crítica deja sus huellas, sus marcas personales en el transcurso del análisis. Cuando la crítica toma como objeto de estudio un texto o un conjunto de textos y autores determinados, y no otros, ya está visibilizando esa «personalidad», esa «subjetividad» y esos exactos intereses del Yo en el discurso crítico, con su marca estilística y literaria reducida casi a nada y en aras de la objetividad, aparente neutral.

Pero a nivel estilístico, ocurre un acercamiento hacia el objeto literario de modo que se puja la salida del crítico no como una entidad aséptica, sino, al decir de Graziella Pogolotti cuando la segunda edición de *Ella escribía poscrítica*, como «barco ebrio estremecido por las tormentas» que afectan su propia vida y que se trasluce como un jardín de orquídeas, plantas parasitarias que también son hermosas[2].

Hasta aquí, digamos, seguimos en la misma órbita. Pero el «movimiento crítico» que quiero describir va más allá. Puede hallar sus procedimientos discursivos en los que Ulmer y Perrone-Moisés consideran en sus respectivos estudios. Mas no basta con descubrir tales estrategias intertextuales. A la relación se le añade también un componente importante. Esta relación de intertextualidad crítica, esta operación «poscrítica», se puede redefinir en términos de una asimilación al estilo derrideano, que implica, y lo recalco, un modo *performativo*, es decir, no sólo *qué* se dice, sino *cómo* se dice ese *qué*. Por supuesto, habría que revisar ese *cómo*.

A esto lo he llamado *asimilación discursiva*, una estrategia cuyas características intentaré mostrar como un texto crítico que asimila el discurso de su objeto de estudio y lo incorpora en su escritura mediante una estrategia intertextual. Manteniendo la «actitud crítica», el autor puede asumir de manera poscrítica un postulado como el que fijó un crítico mexicano: «La exaltación de la prosa crítica como escritura asimismo literaria» (Curiel 1996: 519). No significa con esto que la única vía para que la crítica alcance esta constitución literaria sea reaccionando como poscrítica. La muerte de la tragedia, de George Steiner, no se inscribe dentro de estas coordenadas «poscríticas». Sin embargo, deviene uno de los mejores ejemplos de «prosa crítica como escritura asimismo literaria». No se trata, tampoco, de que la escritura crítica esté obligada a la ficción, a la narración, para alcanzar dicha constitución. Lejos quiero estar de cuadrar una receta para entender qué es la poscrítica.

---

[2] Graziella Pogolotti: «La emancipación del sujeto crítico». Palabras pronunciadas en un panel sobre la crítica literaria contemporánea. Inédito.

Hay un libro y dos ensayos con características comunes a lo que hasta ahora he comentado. El libro es *García Márquez, Hawthorne, Shakespeare, de la Vega & Co. Unltd.*, del colombiano Carlos Rincón; los ensayos, «Dispersión / Falsas notas (homenaje a Lezama)» y «Bosquejo para una lectura erótica del Cántico espiritual seguido de Imitación», del cubano Severo Sarduy. Una nota curiosa denotan esos textos, cuya lectura pudiera servir para confrontar esos modos escriturales en la crítica literaria hasta ahora vistos en el examen teórico.

El libro de Carlos Rincón interroga la conformación de un «discurso narrativo postmoderno» a partir de ciertas marcas e indicios textuales e ideológicos que el autor va rastreando a lo largo de la novela moderna, desde Balzac y Stendhal hasta García Márquez y Umberto Eco, pasando por los franceses Michel Butor y Raymond Queneau. El objetivo de su autor es mostrar, tras largos análisis textuales y comparativos, que *Del amor y otros demonios*, o para ser más precisos, su personaje principal, Sierva María-María Mandinga, «alegoriza la existencia híbrida del Caribe». Hay toda una serie de lecturas, relecturas y contrapunteos con los estudios poscoloniales, subalternos y culturales. Sin embargo, quiero llamar la atención no tanto sobre el nivel conceptual, sino sobre la manera en que escribe su análisis, el modo en que Carlos Rincón «comunica» las ideas sobre las que sustenta su tesis.

Concebido como la historia o el relato del descubrimiento que hace Carlos Rincón de los valores que entrañaba la novela de García Márquez, es casi una «ficción» del crítico Carlos Rincón, quien se convierte en personaje él mismo, en una especie de investigador cuyo trabajo sobre diferentes terrenos literarios o espaciales (Berlín, México, Estados Unidos, Colombia...) le va proporcionando pistas y huellas que al final lo conducen a desentrañar los sentidos culturales que se esconden en *Del amor y otros demonios*. Es un juego crítico, de estilo detectivesco. El libro culmina concibiéndose como un texto cruzado por varios discursos: el de la ficción, el de la crítica y el de la teoría, aunque el primero con una buena dosis de matices literarios, porque no se trata de una novela, ni de un cuento... tal vez un relato, en su sentido etimológico.

La escritura de Carlos Rincón asume algunas de las propiedades de los textos que él está analizando. Por muy sencillo o elemental que parezca, este singular libro fija su atención en este aspecto:

> El trabajo intertextual como búsqueda asumida, como agente de una escritura que, con esa puesta en escena ficcional, busca cumplir lo que de repente parecía

revelarse como una urgentísima tarea de conocimiento, adquiría de esa manera una función exploratoria, para ir más allá de los «reflejos en el espejo» y ser «espejo hablado». (1999: 99)

El texto de Rincón hace lo mismo que dice «metalingüísticamente»: va más allá de ser un reflejo en el espejo para llegar a ser un espejo hablado. Porque su escritura habla, pone en escena y refleja los mismos aparatos ficcionales que se analizan. Tomemos dos ejemplos. Uno de sus análisis aborda el modo en que los narradores realistas del XIX abrían sus narraciones: precisando el cuándo, el dónde, el quién y el qué con los que se situaba el mundo narrado. Datos para ubicar la narración y darle un carácter realista, veraz. Era un lugar común que poco a poco –le dice Rincón al lector– la narrativa posterior fue poniendo en crisis. Pues bien, el autor regresa a la técnica de esos narradores: la apertura de su libro está marcada por todo ello: «A mediados de mayo pasado, un día de una fiesta religiosa, encontré de mañana en la secretaría del Instituto un paquete...».

El otro ejemplo es el de la presencia de los prólogos, y el uso que diversos narradores han hecho de él, como Umberto Eco, García Márquez y Cervantes. Sus prólogos narran desde el plano de la ficción un detalle «real»: el hallazgo de un manuscrito donde estará, finalmente, la historia narrada. Carlos Rincón introduce su libro con un prólogo donde «contará» el hallazgo del libro de García Márquez, lo que desencadenará una serie de hechos que conducirán a Carlos Rincón a pensar y repensar, primero, la novela garciamarquiana, luego la novela latinoamericana y, finalmente, la narrativa posmoderna. Son unas pocas coincidencias dentro de un texto que subraya una suerte de «indisciplina» en lo escrito por él. En octubre de 2002, en la Facultad de Artes y Letras de la Universidad de La Habana, el propio autor me confesó que había escrito este libro como reacción a uno de Josefina Ludmer sobre *Cien años de soledad*. Su pretensión era sencilla: aplicar una *diversión*, frente al peso cientificista del que escribió la escritora argentina, y provocar: «jugando» y ensayando con la escritura se podía pensar un libro que analizara los valores de la novela de García Márquez y escribirlo.

Esas singulares estrategias de la crítica, esas particulares escrituras de la crítica, que disuelven la nociones del lenguaje crítico y del literario y se resuelven en una especie de lenguaje mayor que los abarca y abraza, son llevadas a la escena escritural por Sarduy en «Dispersión / Falsas notas (homenaje a Lezama)» y «Bosquejo para una lectura erótica del *Cántico espiritual* seguido de *Imitación*».

Significativa y, sin duda, algo extraña es la introducción del «Bosquejo…», literalmente hablando, en la sección «Poesía» de sus *Obras completas*.

En ese texto poético, según se infiere por el contexto en que se ubica, Sarduy deja dicho que, ante la imposibilidad de glosar o comentar el espíritu de Dios en el *Cántico espiritual*, lo cual es lo primero que enseña, «la otra actitud posible, por definición blasfematoria o infatuada, es la de librarse a una imitación. Mimesis en lugar de lectura; doble y simulacro en lugar de interpretación». Su texto comienza por lo *imposible*: una voz racional, extremadamente legible, glosa el *Cántico espiritual*. Pero concluye, y el referente –el espíritu de Dios y su palabra– se vive en la voz de Sarduy, se escribe dentro de su escritura. Sarduy blasfema: imita el *Cántico*, y de este modo está llevando el deseo de la crítica hacia esa zona en la que no puede entrar o le es difícil, pues cae en el peligro de ser negada como crítica. El texto del *Cántico*, o mejor dicho, su espíritu, están dentro de la Imitación de Sarduy.

«Bosquejo…», de 1992, repite el gesto de «Dispersión…», que es de 1968. Y su discurso crítico, en lugar de mostrarse sin fisuras, sin tachaduras, sin contradicciones genéricas, vuelve a mostrarlas, a explotarlas. Tanto en el ensayo de 1968 como en el de 1992, el *collage* arma la escritura, y la crítica roza con lo literario, o lo «crítico» se hace literario casi por contigüidad. Hay fusión, confusión. Pero, por encima de todo, hay una apropiación de los textos que se comentan. Todos confluyen en la escritura de Sarduy.

«Dispersión…», al igual que «Bosquejo…», es una práctica «extraña» a la crítica literaria, que no la permite sino bajo la rúbrica impresionista. El texto mostrará cómo la crítica mueve sus fronteras, se dispersa, como el mismo título señala. Discurso crítico literario y discurso poético en un mismo espacio, dialogando, interactuando. Este ensayo viene a realizarse como texto-tejido-entramado-tapiz, en el que la intertextualidad crítica se integra al propio discurso de Sarduy, en un fenómeno de *collage*/montaje y absorción. La voz de Cintio Vitier, Michel Butor, Roland Barthes, Octavio Paz o Roman Jakobson, Lezama Lima y del propio Sarduy, en tanto textos, se unen a otras ficticias, personajes de su obra narrativa, y el resultado es el desplazamiento y la dispersión de la lógica crítica para instalar en su *cuerpo* otros *cuerpos* textuales. Si Lezama fija, como dice en su ensayo, Sarduy dispersa. La dispersión fija los textos y la fuerza creadora de Lezama.

En estos detalles «poscríticos» se puede revisar una singular actitud ensayística que Luis Álvarez Álvarez reconoció en «Tres ensayistas sobre el Neobarroco». La traigo a colación por lo que podría aportar en el intento por comprender cierto «modelo» de poscrítico, sin que lo anterior signifique que Lezama, el de esa «actitud ensayística», o su obra sean considerados «modelos».

Dentro de las reflexiones sobre el barroco, Góngora y su recepción desde una cultura americana, propia y no subordinada, Lezama deja entre líneas algo que Luis Álvarez descubre y que guarda mucha relación con la manera en que el autor se va a vincular con su objeto de estudio. Una de las características que lo regirá se basa en una intensa intertextualidad, «pero no en el sentido de asumir un texto concreto de otro autor», dice Luis Álvarez, «sino una entonación cuya función es convocar, en el nuevo texto, rasgos que, en su nueva matriz, quedan refuncionalizados[3]» (2003: 72).

Hago notar que, cuando se habla aquí de «nuevo texto», se hace referencia a un texto o discurso crítico literario en el que se combinarán a manera de diálogo el tono y las características del objeto de estudio. Tal estrategia de escritura, por llamarla de algún modo, aparece bien perceptible en el ensayo «Sierpe de don Luis de Góngora», incluido en *Analecta del reloj* (1953). Es verdad, como apunta Luis Álvarez, que se trata en primer término del estilo personal, pero debajo de ese estilo subyace el modo poético de Góngora, que es, reitero, el objeto de estudio. El acercamiento a Góngora que Lezama está reclamando «más allá de la crítica», no sólo tiene que ver con el grado de independencia y madurez de una cultura como la latinoamericana, sino también –y es lo que me interesa subrayar– con el grado de espesor y diálogo que la escritura del crítico logre mantener con el texto literario, de modo que a través de ella se respiren la luz y las sombras que la creación poética gongorina desprende. «¿Capricho mimético o voluntad de subrayar el derecho personal a establecer esa intensa confluencia de escrituras?», pregunta Luis Álvarez, y responde: «Parece más posible adherirse a la segunda posibilidad. De un modo u otro, en otros ensayos críticos [dedicados a autores diferentes] el estilo de Lezama no procura confundirse con el del artista comentado» (2003: 72).

Estas palabras permiten comprender mucho mejor a qué me refiero con la idea de la indisciplina crítica y con la tendencia a modelar unos rasgos de la poscrítica. Otra vez volvemos con la historia de las actitudes anticipadas o las coincidencias artísticas. No se trata de formular en la escritura procedimientos propiamente literarios, ni tampoco de tramar un nuevo estilo de prosa que

---

[3] Por cierto, en ese mismo lugar se advierte sobre las coincidencias que esa forma de intensa intertextualidad lezamiana guarda con las que se definen como posmodernas. Véase, junto con Luis Álvarez, Pavlicic 1991.

entrega el autor de la crítica literaria. Eso es el ensayo, que domina la libertad escritural. Lo que importa son las particulares relaciones que un metalenguaje como el de la crítica establece con su lenguaje objeto, en este caso la literatura, llevándose a traspasar esas fronteras que tan bien e implacablemente se han situado en el horizonte cultural en que habitamos.

Alejandra Laera –ya lo leímos– se pregunta si el libro de Julio Ramos pudiera verse como una suerte de modelo de la «poscrítica», es decir, «construido entre el ensayo y la ficción, en el que se traman hipótesis literarias, artísticas y culturales». La respuesta pudiera ser afirmativa, pero, como todo, los modelos surgirán para acatarlos o para pervertirlos. No quisiera asegurar que *Por si nos da el tiempo* o *Ella escribía poscrítica* sean modelos, entre otras razones porque existen otros textos que participan de esta forma «poscrítica» de ensayar la crítica, mas no comparten iguales formulaciones (¿o debería decir fórmulas?). Por otro lado, una comprensión y concepción del concepto de poscrítica pudiera quedar inoperable si pensamos que por tal se pueden incluir textos que de modo genérico y convencional se definen como crítica literaria, pero que incluyen narraciones, anécdotas, reportajes, testimonios y discursos autobiográficos, tal como se ha reconocido en libros como *¡Ay vida, no me mereces!*, de Elena Poniatowska, o *Último round*, de Julio Cortázar.

Una disciplina crítica

Dentro de los textos capitales de los estudios culturales latinoamericanos, los de Julio Ramos –*Desencuentros de la modernidad en América Latina* (1989) y *Paradojas de la letra* (1996)– forman parte de ese grupo que, como bien expresa Alicia Ríos, «está dedicado a temas tanto de la primera mitad del siglo XX como de todo el XIX» hispanoamericano (2002: 253). Sin embargo, algunos de sus ensayos también proyectan una exégesis e interpretación de temas con proyección contemporánea. «Migratorias», el último de los de *Paradojas*, interpreta el poema «Domingo triste», de los *Versos sencillos*, de José Martí, dentro de los problemas de identidad y ciudadanía que tienen lugar en las experiencias migratorias. Pero la labor crítica no se detiene ahí, sino que avanza hasta un poema del nuyorrican Tato Laviera, de modo que se contraponen dos visiones de ese problema en épocas distintas, aunque expresadas en el mismo espacio, la ciudad de Nueva York, y en condiciones similares de ciudadanía. Al final, la lectura crítica de ese poema modernista ayuda a repensar problemas que cien años después se han convertido en materia de reflexión recurrente para los estudios culturales.

Aunque centrados en el XIX, gran parte de los análisis de Ramos tienen un correlato en las líneas de los estudios culturales que se ocupan de los medios de comunicación, la cultura de masas, lo local y lo global, la migración, el conflicto entre lenguas (menores *vs.* hegemónicas), etcétera. De ahí que esta observación de Alicia Ríos ayude a comprender la situación actual que ocupa la obra de Julio Ramos:

> Es esa larga tradición del ensayo de ideas en América Latina, la que nos ha obligado a muchos [...] a revisar las maneras en que nos hemos pensado antes

para tratar de encontrar respuestas –o problematizaciones mayores– *a los tiempos que hoy vivimos*. (Ríos 2002: 253; énfasis mío)

En ese sentido el pensamiento crítico de Julio Ramos va definiendo sus estrategias de lecturas. Mirando el pasado, devela claves del presente.

Pero vayamos por partes. Lo que Julio Ramos inicia en *Desencuentros* tiene una continuación en *Paradojas*. El primero como un todo; el segundo como una selección de ocho textos escritos, leídos o publicados entre 1991 y 1995[1]. En su conjunto, arman una línea fuerte de investigación que se centra en el proceso de conformación cultural del xix hispanoamericano, a raíz del vacío dejado por el imperio español y de la fundación, entre choques, tensiones y contradicciones internas y externas, del actual mapa político y cultural de la región.

Si *Desencuentros* muestra cómo se construirían esos discursos modernizadores en la América Latina, los ensayos de *Paradojas* revisan la manera en que se incorporaban algunas de las preocupaciones intelectuales a ese mismo discurso de modernización. Digamos que el segundo libro mencionado complementa las tesis que en torno a los proyectos modernizadores se iban delineando en *Desencuentros*. Además de volver, en aquel, sobre autores y temas que había trabajado en este –Bello y Saco, la lengua, su relación con el poder y la constitución de los sujetos coloniales y poscoloniales; o Martí y su labor intelectual en el exilio estadounidense–, Ramos abre sus reflexiones a otros asuntos de igual importancia: la relación de los esclavos con su estatus jurídico y con el mal uso de la lengua del poder (el español) –tal el caso de la lingüísticamente «impura» *Autobiografía*, de Juan Francisco Manzano–, las «ficciones» del derecho en el marco jurídico de la época colonial cubana, la manera en que sujetos excluidos se apropian de las tradiciones literarias y escriturales que detentan los círculos de poder (como el que vislumbran los escritos de la anarquista puertorriqueña Luisa Capetillo), o los vínculos entre cuerpo-lengua-subjetividad en la emergencia de una identidad en textos literarios del xix (mostrados en las novelas *Sab*, de Gertrudis Gómez de Avellaneda, o *Cecilia Valdés*, de Cirilo Villaverde).

Desencuentros analiza primero la inserción en el discurso general de la modernidad por parte de Andrés Bello, Domingo Faustino Sarmiento o José Antonio Saco durante la primera mitad del xix hispanoamericano; luego, mientras avanza, los análisis abarcan el acontecer de la segunda mitad del

---

[1] Excepto dos, que se remontan a los años ochenta.

XIX –es decir, el modernismo–, donde se desentrañan las vías por las que se va definiendo, a través del periodismo y de las crónicas[2], una autonomía en el campo literario ante la creciente mercantilización y profesionalización del arte, o justamente por ella, y de qué manera los escritores finiseculares, los literatos –no los letrados al estilo de Bello–, defendían esa alternativa, aunque, al mismo tiempo, la fueran contaminando con sus «estilos», y sus estéticas fueran convirtiéndose en ejemplos paradójicos de una cultura moderna emergente[3].

Aquí también se perfila el cuestionamiento de la propia modernidad cuando Ramos dedique sus juicios no sólo a las crónicas, especialmente las martianas, sino también a los ensayos, por el grado de importancia que estos géneros, menores en la tradición europea, alcanzaron en el panorama de la literatura latinoamericana y en pleno funcionamiento de la maquinaria sociocultural, económica y comercial moderna. Antes de seguir, conviene recordar algo que Ramos expresa y que apunta hacia ese privilegiado lugar que el ensayo irá ocupando en el transcurso del siglo XX:

> La forma del ensayo representa el lugar ambiguo del literato ante la voluntad disciplinaria que distingue la modernización. El ensayo –oscilando entre el modo expositivo y argumentativo, y la imagen poética– consigna, en su propia disposición formal, la relación paradójica, de emulación y condena, de los escritores ante la especialización. El ensayo –entre la poesía y la ciencia, como argüía Lukács– se resiste a la norma de pureza discursiva, a la reglamentación de los discursos especializados. (1989: 215)

Me interesa destacar estas observaciones en torno a un género y sus características, pues luego tendrá mucho que ver con la propia formación ensayís-

---

[2] Género literario, este último, al que Ramos le dedica gran parte de su trabajo investigativo por ser instrumento de la retórica del consumo y dejar las huellas, justamente, del diseño de la sociedad moderna. «La crónica», escribe Ramos en *Desencuentros*, «en tanto forma menor, posibilita el procesamiento de zonas de la cotidianidad que en aquella época de intensa modernización rebasaban el horizonte temático de las formas canónicas y codificadas» (1989: 112). Así, la crónica «estetiza» el mercado, los objetos de lujo, pero también lo grosero y vulgar de las masas obreras; y la «estilización en la crónica transforma los signos amenazantes del "progreso" y la modernidad en un espectáculo pintoresco, estetizado. [Obliterando] la "vulgaridad" del hierro, la máquina es embellecida» (1989: 114).

[3] Uno de los momentos clave de este «conflicto» o ruptura, argumenta Ramos, es visible cuando Bartolomé Mitre y Vedia, entonces director de *La Nación* de Buenos Aires, recrimina a José Martí por una crónica en exceso literaturizada, que no tiene en cuenta el hecho de que es un texto dirigido para su comercialización, para el mercado.

tica del autor, y especialmente por la «vocación» hacia géneros considerados «menores» de *Por si nos da el tiempo*.

Si el trabajo intelectual de los primeros –Bello o Sarmiento– busca a toda costa insertar sus naciones en el flujo del progreso y la modernización de la época, las crónicas de Martí, en cambio, terminan por articular una de las más duras críticas que el llamado sujeto subalterno, periférico, insertado en el «centro» de la modernidad, haya producido hasta entonces:

> Por el reverso del mundo representado –la modernidad norteamericana [en las crónicas]– se cristaliza el «nosotros», la autoridad «intelectual» y «espiritual» del que habla [un latinoamericano, un caribeño], criticando la modernidad y subvirtiendo, desde una emergente mirada literaria [las crónicas], las normas del relato de viaje, históricamente ligado al proyecto modernizador. (Ramos 1989: 152)

Armado de una actualizada teoría crítica que maneja conceptos como los de autonomía literaria, autonomización, heterogeneidad, otredad, hegemonía, literatura y lengua menores, modernidad y posmodernidad, entre otros, la obra de Julio Ramos indaga el pasado cultural que se gestaría a lo largo del XIX latinoamericano, entre cuyos objetivos se encontraba el de refundar una América al compás de la civilización y el progreso europeo y norteamericano para dejar atrás la «barbarie»: «Se trata de intelectuales latinoamericanos que buscan, en los discursos modernos de la biblioteca europea, las claves para resolver los "enigmas", "las carencias" de identidad propia [...]», es decir, «la búsqueda de modelos para ordenar y disciplinar el "caos", para modernizar y redefinir el "bárbaro" mundo latinoamericano» (Ramos 1989: 146).

Ahora bien, esa refundación con afán modernizador de tono y «biblioteca» europeos y que en un principio Ramos muestra entre la ideología propugnada por intelectuales como Andrés Bello y Domingo Faustino Sarmiento, tiene variadas formas. Sarmiento es el prototipo de intelectual que en *Facundo* y *Viajes por Europa, África y América 1845-1847* se inscribe en el discurso de modernización europeo. Pero ojo con lo anterior: en *Facundo*, como advierte Ramos, esa «barbarie americana» que Sarmiento critica y quiere sustituir por el proyecto de civilización europea, subyace en el descuido formal de la escritura, escritura cuya intención sería contener al «bárbaro», al «otro», aun cuando en términos formales se contradiga[4].

---

[4] Y agrega, además, que «no deja de ser significativo que desde la época [de la publicación de *Facundo*] se haya problematizado la función "literaria" [...] para oponerla a la autoridad –y

Bello, por otra parte, es el paradigma del organizador letrado que reúne en su persona los saberes humanísticos. En él confluye no sólo el tipo de intelectual de principios del XIX que reunía en su persona y sin discriminación al abogado, al filólogo y al literato. Lo mismo preparaba un manual de derecho o integraba el equipo de redacción de la constitución chilena, que concebía manuales de estudios latinos, preceptuaba a qué debía responder la literatura o escribía una *Gramática de la lengua castellana destinada al uso de los americanos* –sus «hermanos»–. Esa *Gramática* no sólo intentaba homogeneizar una lengua común, sino también conservar su pureza y evitar la dispersión y la desintegración lingüísticas –el temor a una fragmentación similar al latín, con el consiguiente desmembramiento de toda una comunidad cultural–, porque tal desorden podría atentar contra la integración mercantil, la creciente modernización y la consolidación del Estado nacional que tenía en mente Andrés Bello, como muchos de su época.

Julio Ramos va demostrando, en el caso de Bello, cómo se liga la lengua –aparato del buen decir pero también del buen hablar– a la economía y al mercado. Con la progresiva especialización de los tiempos que vendrían, la función política de intelectuales letrados como Bello y Sarmiento –quienes integraban en sus discursos la necesidad de una cultura literaria con propósitos civiles–, va cediendo paso hasta llegar a la desintegración y separación de esas funciones en el campo finisecular, en el que sus intelectuales propugnarán por la separación y especialización de los distintos saberes.

Evitaré aquí las dimensiones críticas y teóricas que proyecta la obra de Ramos: el conjunto epistemológico que lo estructura. Pero ellas ayudarían a perfilar no sólo los aportes que esa obra ha brindado a los estudios culturales latinoamericanos, sino también a un pensamiento caribeño. Lejos he estado –y quiero estar en estas páginas– de abrir su método y mostrar cómo se llevan a cabo sus operaciones interpretativas, teóricas y críticas. Por la suma importancia que ha alcanzado la obra de Ramos en el contexto de los estudios culturales y de la producción teórica contemporánea, todo lo anterior merece

---

al imperativo– de un discurso "verdadero" o "histórico"», destacando las interpretaciones que, como las de Valentín Alsina, relaciona los «defectos» del libro con «sus proliferantes deslices literarios» (Ramos 1989: 28). Por otro lado, mantengamos en nuestra mente la idea que opone, ya desde el XIX, el discurso de lo «verdadero» y lo «histórico» con el discurso literario. Sin duda, binarismo u oposición que todavía hoy sigue vigente y que es una de las razones por las que textos como *Por si nos da el tiempo* sean «problemáticos», originen confusiones ante la crítica y la «sorprenda».

un acercamiento mucho más detenido que, en cambio, robaría espacio a mis intereses, tan puntuales como restringidos. Pero entre las muchas aristas en que se reflexiona sobre su labor investigativa, aparece un tema clásico que excede el campo teórico-crítico de sus textos: el de la relación de esos intelectuales con la teoría y el conocimiento generados en los centros de poder.

Rafael Castillo Zapata abordó el tema al situar al crítico puertorriqueño en el mismo escenario en que se sitúan los sujetos subalternos y sus textos, analizados por Ramos:

> [...] creo que en un escenario semejante puede colocarse al crítico y proponerlo como un subalterno en relación con lo que pudiéramos llamar saber dominante, generado y repartido, es decir, donado, desde los centros del poder epistemológico occidental. (Castillo Zapata 1996: ix)

Y es que, en efecto, encontramos nuevamente el asunto del dilema del intelectual latinoamericano y su siempre conflictiva relación con sus exmetrópolis, fundamental en casi toda axiología que aborde el pensamiento crítico latinoamericano. Julio Ramos también termina siendo representado en la estela de esos pensadores del Continente que se han desplazado desde sus lugares de origen (periféricos) y en ese desplazamiento han inscrito su obra en los circuitos académicos de esos «centros de poder» que menciona Castillo Zapata.

Con su cuerpo, con su lengua, llevando encima su entorno cultural natal, Julio Ramos ha emigrado hacia los Estados Unidos y se ha constituido en sujeto de la emigración, ha engrosado las filas de ese grupo de intelectuales y escritores que trabaja en las fronteras, y que a la vez ha desarrollado su pensamiento crítico en esos mismos bordes, en esos pliegues o descentramientos que se conforman en lo que, por comodidad y también inercia, se sigue llamando «centro».

El caso de Ramos no debe ser absolutizado ni confundido, por ejemplo, con el desterrado o el exiliado, ese que se ha visto forzado a salir de su origen sociocultural y lingüístico y enfrentarse, en muchos casos, con la angustia y la hostilidad que implica el cambio. Su nacionalidad puertorriqueña se cruza con su ciudadanía estadounidense. Su territorio de origen, Puerto Rico, está incorporado como colonia, subordinado, al territorio donde hoy habita, los Estados Unidos. Y su formación intelectual, al menos la universitaria, fue completada por entero en centros de educación de los Estados Unidos. Claro, a pesar de lo anterior, muchas veces el destierro o el exilio está movido por fuerzas que no necesariamente tienen que ser políticas o ideológicas, matices que yacen detrás de las palabras «desterrado» y «exiliado». En sentido general, el emigrante está forzado, por razones económicas o sociales, a vivir una vida rota o rota a medias en el lugar que eligió o pudo escoger para asentarse. Esas fracturas también tienen valor y no deben perderse de vista.

Pero no cabe duda de que esta marca del sujeto crítico y a la vez emigrante que representa Julio Ramos determina ese contexto e incluso la producción teórica y crítica. Como ya expresé, Castillo Zapata lo anuncia en su prólogo. Y alude a Julio Ramos como sujeto problemático que lidia constantemente con fuerzas académicas y culturales para «inscribir su práctica, conquistando un territorio propio separado de su entorno cultural de origen» (Castillo Zapata 1996: x). Estas valoraciones, escritas en 1996 para introducir *Paradojas*, tendrán una respuesta casi radical seis años después, cuando el crítico, que escribe y hace una labor docente e investigativa fuera de su lugar de origen, publique *Por si nos da el tiempo*, donde pondrá en blanco y negro las experiencias de ese sujeto de la migración, ubicado en los bordes de su propia constitución y objeto de estudio en la crítica de Ramos. Pero el libro, en lugar de mantenerse dentro de los códigos fuertes del estilo académico e investigativo —«la prosa declarativa, el dispositivo pedagógico y los géneros de la verdad», dirá en *Por si nos da el tiempo*—, implementa o dispone un sujeto y una escritura que en lugar de «exponer» esas experiencias, las narrará y se constituirá él mismo en sujeto literario.

De ahí la «indisciplina» que constituirá *Por si nos da el tiempo* en relación con sus obras anteriores. De ahí la sorpresa que provocará el hecho de que la escritura de un investigador de esa talla se vea sumida en un conflicto tal de «identidad» y de «género». ¿Por qué? De nada valdrá que la colección de la editorial que imprimió el libro se llame metafóricamente El Escribiente, ni que la materia por la que se le clasifique lleve la marca de «narrativa puertorriqueña». La perspectiva señala hacia un «crítico» que ahora narra, literaturiza y convoca en su escritura procedimientos de origen literario y ficcional, pero «tramándose», anudándose a temas literarios, artísticos y culturales. Esta ficción, esta provocación de lo ficticio, está atravesada ahora por muchas de las preocupaciones temáticas que se podían hallar en el entramado reflexivo de *Desencuentros* o de *Paradojas*. Para decirlo con Alejandra Laera, *Por si nos da el tiempo* «vuelve a leer ciertos nudos culturales que retornan obsesivamente en [los] trabajos» del autor.

*

A la altura de 1995, Margarita Mateo Palmer había publicado dos libros y un grupo numeroso de ensayos y artículos en revistas culturales, todo lo cual dibujaba con claridad los intereses investigativos que la fueron ocupando[5]. Si establecemos las bases y referentes sobre los que se fue cimentando la escritura de Margarita Mateo, será más fácil advertir el cambio que se opera al llegar ese año, y, con él, la publicación de *Ella escribía poscrítica*.

El primero de los volúmenes, *Del bardo que te canta*, se publicó en 1988 y estudia una de las manifestaciones más importantes del arte popular en Cuba: la trova, que emergió a fines del XIX y floreció en las primeras décadas del siglo XX. Aunque el libro apareció casi al término de la década de los años ochenta, su génesis tuvo lugar en el último lustro de los setenta –se terminó de escribir en 1976–. Al destacar las especificidades de la canción de la trova tradicional, Margarita Mateo establece marcos de estudio de una corriente musical que trascendió su época y devino fuente nutricia para las generaciones de trovadores que fueron surgiendo posteriormente, hasta el día de hoy. Aquí radica, sin duda, uno de los méritos de este libro, que al final conecta todo el arco trovadoresco del siglo XX: desde la trova tradicional de Pepe Sánchez, Sindo Garay, Manuel Corona o María Teresa Vera, hasta la nueva trova de Silvio Rodríguez, Pablo Milanés o Noel Nicola.

Margarita Mateo también le impartió otro sentido al estudio del arte trovadoresco, ya no desde una visión musicológica, sino desde una perspectiva literaria, que implicara los valores textuales de esa canción. Y es que uno de sus efectos es el de acercar los estudios literarios hacia la canción de la trova, y de esta manera reconocer, dentro de las disciplinas literarias, el valor de sus letras.

He aquí un elemento distintivo que no se puede pasar por alto: la búsqueda, dentro de los espacios académicos, de nuevos horizontes temáticos que no sean sólo los que la tradición y el canon literarios han establecido. *Del bardo que te canta* reconstruye y reordena los diferentes ejes temáticos que componen las canciones de la trova: desde los relativos a la naturaleza, el paisaje y el amor, hasta aquellos que se vinculan con lo político, lo histórico y lo social, sin perder

---

[5] Para ser más exactos, el primer libro que Margarita Mateo Palmer publicó fue *Poesía de combate*, en realidad una antología que ella preparó en 1975 y que recoge poemas escritos en los siglos XIX y XX sobre el tema de la lucha y el combate «revolucionarios».

de vista las influencias literarias y los factores sociológicos que la determinaron y a los que la autora necesitó recurrir para acomodar texto poético y contexto sociohistórico con el fin de ofrecer una dimensión más abarcadora del fenómeno de la trova tradicional cubana, que se perfila, por ejemplo, a través de la revisión de los diferentes modos de recepción que tuvo el arte trovadoresco, así como de las condiciones en que este se desarrolló.

El segundo volumen al que aludía es *Narrativa caribeña: reflexiones y pronósticos*, que apareció en 1990 y contribuyó al estudio de la narrativa caribeña dentro de un contexto en que se hacía cada vez más urgente la necesidad de integrar al sistema de la literatura latinoamericana un cuerpo literario que por diversas razones se vio casi siempre excluido de los dominios académicos y de los estudios literarios. La propia autora apunta en el libro ese imperativo de estudiar la literatura caribeña sin aislarla del conjunto o del resto de la literatura latinoamericana. Ofrecía, de esta forma, un buen camino para la literatura comparada dentro de los estudios latinoamericanos y caribeños. Si *Del bardo que te canta* enfoca los valores formales y temáticos de la canción cubana que cultivaron los trovadores, este analiza la textualidad de la narrativa caribeña desde una dimensión y una perspectiva filológicas, así como los valores estéticos de la obra de autores clave como Claude McKay, George Lamming, Alejo Carpentier, Tulio Manuel Cestero, Earl Lovelace y Jacques Roumain.

Lo que hay detrás, sin embargo, no es exclusivamente un trabajo con los códigos literarios que esas obras proveen desde su escritura. También ella llama la atención sobre la necesidad de revisar no pocos juicios en torno a la narrativa caribeña, como cuando disuelve las bases que sustentaban cierta crítica a la hora de afirmar que Claude Mckay era un autor estadounidense, ignorando de varias maneras la tradición cultural jamaicana de este autor, tan esencial para el Caribe y para entender su obra. El trabajo de Margarita Mateo deja constancia de la conciencia crítica y del compromiso ético cuando indaga en muchas de las concepciones discriminatorias en torno a la literatura caribeña y las pone al descubierto. No se trata de elaborar una crítica social, sino de acabar de demoler argumentos y prejuicios en torno a esa literatura, considerada menor, en unos casos, o descontextualizada para servir a propósitos que no son inocentes.

A la altura de 1988 y 1990, con pocos años de diferencia, la voluntad estilística y escritural de Margarita Mateo está asociada con un ejercicio académico que enfoca los valores de una literatura, sea la contenida en las letras de las canciones de la trova, sea la que refieren las obras de autores caribeños. La crítica, en este caso, trata de desentrañar las características lingüísticas, los motivos míticos, el contexto en el que se insertan las obras, los motivos e influjos entre diferentes autores, o la manera en que una novela o una canción refleja temas literarios y hasta conflictos nacionales. Hay en los trabajos que conforman este volumen una voluntad muy fuerte de permanecer en los marcos de la objetividad que el análisis académico proyecta, de manera que el lector consiga identificar los valores literarios sin perder la perspectiva. Y así sucede. La presencia de la autora es clara, pero la relación que establece con su objeto de estudio señala unas distancias abismales, como funcionaría la lógica del investigador literario. Ella se reduce a conducir sus análisis, sus tesis y argumentaciones a partir del objeto literario, con una disciplina crítica que responde al afán de cientificidad y rigor analítico.

Indisciplinas críticas

Consideremos la definición semiótica de la crítica literaria que ofrece Roland Barthes[1] y pensemos que *Ella escribía poscrítica* se comprende dentro de una estructura en la que se observa la cohabitación de dos discursos. Por una parte, el artístico-literario: se construye una historia concebida sobre ejes narrativos que remiten a un cronotopo y a un héroe mediante un «lenguaje altamente elaborado» y en el que prima la función poética. Por la otra, el crítico-literario, que sobre la base de determinadas categorías teórico-literarias versa sobre un objeto, lo interpreta y analiza. Asimismo tiene las características de ser un texto «pasivo» (pensador), con funciones y un sistema de valores conceptuales y teóricos, mediante el cual se evalúa la narrativa cubana.

El primer eje discursivo está integrado por los ocho capítulos «Ella escribía poscrítica», más el «Posprólogo». En el segundo están «La literatura latinoamericana y el posmodernismo», «Donde se mencionan algunos ilustres antecedentes o ¿Vale la pena mirar para atrás?», «Los novísimos narradores o Chicago en Cárdenas», «Los cuatro puntos cardinales son tres: norte y sur (Los cuentos de los novísimos narradores cubanos)», «Una recreación posmodernista del topos del heroísmo: Cañón de retrocarga», «Algunas precisiones metodológicas o se pone el parche antes de que salga el grano», «Post epístola ad editores o lo que se quedó se quedó» y «Sobre *Criterios*, intertextos, neologismos insulares, semiótica intertextual y algunos avatares de Iuri Lotman en La Habana».

---

[1] «La crítica es un discurso sobre un discurso; es un lenguaje segundo o meta-lenguaje (como dirían los lógicos), que se ejerce sobre un lenguaje primero (o lenguaje objeto)» (Barthes: 1973: 304).

Sin embargo, ya a la sombra del segundo capítulo del libro la estructura anterior comienza a negarse. Si bien pensar en términos estrictamente esquemáticos pudiera conducir a un análisis preciso de las coordenadas estructurales del libro, tal procedimiento dejaría fuera la «destotalización», la desconcentración y el descentramiento que provoca el libro. Fuera de esta doble estructuración, otras razones muestran cómo la simplicidad con que se confirma la presencia de dos ejes –ficción y crítica– comienza a ser cuestionada. El esquema dicotómico trazado al principio permite, sin duda alguna, elucidar la lógica que sustenta el libro en un sentido o carácter «activo» y «pasivo» a la vez, al decir de cierta terminología metodológica, que separa la bibliografía en pasiva y activa.

La dinámica del todo, con sus contradicciones latentes, hace imposible reducir el texto a una cosificación de lo dual en colisión, sino que asume un «ser» mucho más rico y abierto. Voy a referirme a dos gestos que ilustran que esa estructura, aparentemente sencilla y dicotómica, no es estable ni cerrada. El primero puede comprobarse en los capítulos «De los muros y la escritura» y «De la piel y la memoria», que revisan las manifestaciones del grafiti y el tatuaje en el contexto cultural cubano. Desde el punto de vista del objeto de estudio, ambos se alejan por completo de la estructura diseñada por el ensayo introductorio, cuyo énfasis en un tema como el de la literatura y el posmodernismo marca el territorio en el cual trabajará la crítica a todo lo largo del libro. No obstante, los capítulos que le siguen, el primer «Ella escribía poscrítica» y «De los muros y la memoria», reconfiguran y desvían las coordenadas que tan bien se supieron armar en esa introducción.

Estos tres primeros capítulos acogen, realmente, las tres líneas discursivas sobre las que se conforma el libro. Enfocados mejor, los dos capítulos que abordan el tatuaje y el grafiti son un punto intermedio entre el discurso crítico académico y la ficción. El estilo es suelto, abierto, mientras que lo estético y la subjetividad del autor influyen en la lectura de ambos textos como ensayos. En primer lugar, estos no tienen esa vocación académica de precisar y definir los conceptos. La autora deja que su escritura se desprenda de los imperativos de la crítica y se vuelva creativa, más cerca de una voluntad esteticista:

> Como antiguo pergamino, la piel se rasga y permite la penetración del metal punzante: diminutas lanzas de Oggún desgarran los días homogéneos, abriendo el camino hacia una fijeza otra. Cede la débil protección ante la fuerza y el pulso de quien ha sido elegido para violar sus arcanos. Chamán que sostiene la navaja

circuncidante; sacerdote que maneja la obsidiana de Texcatlipoca, espejo humeante; hierofante que oficia su cuchillo sobre el cuello palpitante del cordero, el tatuador concentra el pulso de su energía en la muleta afilada, ahora espada de San Jorge grabando en las escamas del dragón las cicatrices de una lucha tan antigua como el hombre. (Mateo Palmer 2006 : 80)

Como puede apreciarse en este fragmento, la escritura se aparta de moldes académicos, estando más cerca de un modelo de ensayo literario. En cuanto temas, la piel, el tatuaje y el tatuador integran un mundo que se amplía con referentes culturales tan diversos como el del chamán, el azteca, el cristiano o el yoruba. Pero al margen de estas consideraciones de carácter estilístico, cabría preguntarse por qué razón la reflexión sobre el grafiti y el tatuaje forma parte de un libro enfocado hacia la literatura (conviene apuntar que la idea inicial que movió la escritura del libro fue la de estudiar la joven narrativa cubana en estrecha relación con el tema del posmodernismo).

Para la autora, asumir el estudio y la evaluación del grafiti y el tatuaje es producir una reflexión sobre la realidad cultural, que no se circunscribe tan sólo a las artes plásticas, la literatura, la música o el cine. Formas de la escritura y también de la cultura, el grafiti y el tatuaje poseen un valor indisolublemente ligado a contextos epocales, que no sólo aparecen sobre el papel, en letra impresa, sino que también pueden quedar grabados en los muros de la ciudad y en la piel de sus hombres. Casi al final del libro, cuando la autora analiza la novela *Cañón de retrocarga*, es posible apreciar la estrecha relación entre grafiti y literatura. Se trata de la referencia que se hace a la presencia en esa novela del monumento a José Miguel Gómez, cuyos blancos mármoles habían sido ocupados por el grafiti. Si la novela de Alejandro Álvarez Bernal toma este espacio como referente, también lo hace *Ella escribía poscrítica*, poniendo en evidencia cómo una manifestación cultural es objeto de la literatura.

Por otra parte, resalta el hecho de que la autora del libro, quizás también como lo hace la literatura, quiere descubrir en una escritura otra, y a través de ella, actores culturales que expresan su sexualidad, religiosidad o existencia a través modos de escritura no convencionales y ubicadas en espacios marginales. Es en este sentido que sus ensayos sobre el grafiti y el tatuaje legitiman prácticas culturales con sus valores estéticos, éticos, sociales. Las interrogantes sobre las razones de tales prácticas, la búsqueda de significaciones y valores estéticos tanto en el tatuador como en el cuerpo del tatuado, dejan comprender el interés de la autora por mostrar unas dimensiones que revelan al tatuaje más allá de su aspecto meramente material.

Otras marcas en la escritura del libro ilustran que comprenderlo en términos dicotómicos de crítica-ficción sólo conduce hasta un camino medio. Pero ahora quisiera sacar a la luz esa estrategia que diseña un diálogo particular entre el discurso crítico literario y el artístico. Aparentemente, la coexistencia en un mismo espacio textual de dos líneas discursivas, casi antagónicas, parece subvertir el metalenguaje al minarse con propiedades provenientes del lenguaje objeto. Sin embargo, la subversión no se realiza de forma tal que el metalenguaje esté siendo llevado más allá de sus límites, es decir, hacia lo que se denomina lenguaje objeto. *Ella escribía poscrítica* está dentro y fuera de la noción de metalenguaje. La escritura del libro se proyecta fuera de los límites paradigmáticos de la crítica literaria, aunque, por otro lado, se mantiene en su interior y se concibe bajo la *diferencia* de su «ser». Esta diferencia es la que somete el lenguaje de la crítica a una lógica donde las exclusiones que haga un lector no llegan a ser pertinentes, por muy persistentes que puedan ser. Cuando pienso el libro bajo el término de la *diferencia*, quiero que se despeje el esquema dicotómico: ficción y no ficción se integran en un mismo espacio textual no para oponerse, excluirse o concluirse, sino para diferenciarse en *espacio* e *identidad*.

Cada capítulo del libro *diferencia* al otro en un juego imposible de ser aislado y reducido a un todo, como podría hacerse, por ejemplo, con *Narrativa caribeña*, donde cada una de sus partes ha sido reunida sin tener otra relación que la de pertenecer a un mismo sistema genérico y a un tema único: la literatura caribeña. En cambio, los capítulos de *Ella escribía poscrítica*, bien diferenciados por sus características discursivas –cosa que no ocurría con *Narrativa caribeña*–, están interconectados, plegados a un tema que los atraviesa: lo posmoderno. *Ella escribía poscrítica* se desprende de una lógica cerrada y abre sus formaciones discursivas hacia una lógica de lo diferente, en un sentido derrideano.

Se sigue una lógica *diferente* porque la ficción inter-cede la crítica, la re-crea con otros síntomas y le orienta otras lecturas que juegan con la entidad e identidad genérica. No se puede entender de modo cabal el saber evaluativo, puramente crítico-literario, de capítulos como «Algunos ilustres antecedentes...» o «Los novísimos narradores o Chicago en Cárdenas», si no se tiene en cuenta que ese saber está realmente matizado por una compleja sinfonía de voces que reflejan las condiciones teóricas, crítico-literarias y personales de la autora de la crítica literaria, la ficción y el libro en su totalidad.

La escritura puede ser analizada en más de una dimensión. Implica una función que remite a un referente literario, que se proyecta hacia el afuera: los textos objeto de estudio, como *Paradiso*, *Tres tristes tigres*, *Cañón de retrocarga* o los grafitis y el tatuaje. Pero al mismo tiempo se lee hacia adentro, se lee a sí misma, en un caso autorreferativo. La ficción, en este sentido, tematiza a la crítica literaria, conforma una escritura que se vuelve sobre sí, que dialoga consigo misma. Introduce ideas que atañen al mismo sujeto de la crítica que elabora su discurso, su metalenguaje. Dicha escritura, en donde la ficción determina sus propiedades, está aquí construyendo un cuadro axiológico que rellena o abunda en ciertos tópicos ya tratados en el discurso de la crítica. Por ejemplo, conceptos como el del posmodernismo y cuestiones relativas a él, son abordados en estos capítulos desde la perspectiva no ya del crítico, sino de unos personajes. La ficción interviene la crítica. Surligneur-2, uno de los personajes literarios de esta «poscrítica», al que luego me referiré, extrae de sus papeles fichas con citas de diferentes autores, notas que alguna vez le habían servido en la vida académica, profesional. Aquí aparecen estas bases teóricas, en boca de ella, para referirse a las capacidades revolucionarias de los nuevos tiempos «posmodernos»:

1) El des-centramiento. La des-jerarquización. La reivindicación de los bordes.
2) La recuperación de las voces marginadas:
a) la mujer,
b) grupos étnicos: indios, negros, etc.,
c) homo/bisexuales.
3) La quiebra de las fronteras entre la alta y la «baja» cultura. No dejar fuera las telenovelas, radio, novela rosa, heavy rock, graffiti, tatuajes, etc. ¿Democracia de la cultura?
4) El afán testimonial, reivindicación de géneros subestimados por la modernidad (anterior).
5) Flexibilidad en las valoraciones. Respetar las diferencias. Oír la voz del otro. (2006: 59)

En *Ella escribía poscrítica* la *generación* de *una escritura que se destruye* funciona como la capacidad de una autoaniquilación para engendrar sobre sí misma otras variantes de lectura. Esto puede parecer desintegrador, y en cierta medida así lo es. Sólo que la desintegración es incorporada desde el punto de vista del proceso de lectura. A medida que el lector se va desplazando de capítulo en capítulo, la discursividad se destruye. No significa, por cierto, que lo anterior implique una superposición de géneros, porque no ocurre ninguna pérdida, ni discriminación ni represión. La crítica literaria no elimina, en el proceso de lectura, la ficción. Todo lo contrario, cada discurso va re-afirmando, en términos literales, los otros discursos.

Notamos una especie de movimiento de des-encadenamiento que produce textos y simultáneamente los repite como signos-eslabones en una cadena de significaciones. El centro puntual y único, como noción estabilizadora en los discursos y acciones, desaparece del libro y cada texto genérico es, a un mismo tiempo, centro y margen. La cadena de textos-capítulos se desencadena en sucesivas repeticiones y reproducciones discursivas, creando nuevos centros, otras centralidades. Esta es, en realidad, la lógica que singulariza el libro. Diseñada no bajo órdenes y clasificaciones cerradas, sino en un continuo devenir de sucesivos textos todos iguales y *diferentes*.

Ahora entremos en ese terreno del libro en el que la crítica se dispone a diseñar su discurso sobre el objeto de estudio, es decir, cómo se relaciona, conceptual y teóricamente, con él. *Ella escribía poscrítica* articula la revisión de la narrativa cubana a partir de reflexiones de lo posmoderno en la literatura y se basa en un proyecto: responder si en los dominios de la literatura cubana estaban ausentes «las inquietudes posmodernas». El problema que plantea Margarita Mateo es cómo comprender y valorar teóricamente un concepto como el de la posmodernidad en las condiciones específicamente latinoamericanas y caribeñas, más allá, por supuesto, de otras variables en su intento por definirlo en su aspecto más global. ¿Qué indica el prefijo «post»: continuidad, ruptura, desviación? Es otra pregunta clave, como se hiciera Erika Fischer-Lichte, para debatir y pensar rigurosamente el tema:

> El debate en torno al Postmoderno, que actualmente se está decidiendo en diferentes campos y diferentes niveles con encarnizado apasionamiento, culmina con la pregunta, planteada una y otra vez, de si el Postmoderno ha efectuado una ruptura total con las tradiciones del Moderno o si, por el contrario, ha radicalizado y continuado consecuentemente tendencias que el Moderno fue el primero en formular de manera enfática. (1994: 45)

Cuando se trasladan al campo de lo literario, las preguntas se repiten: ¿Hay una literatura moderna y otra posmoderna? ¿Cuáles son los criterios que se siguen para definirlas, distinguirlas o diferenciarlas? ¿Cómo se asume: continuación o ruptura?

Margarita Mateo considera lo posmoderno en estrecho vínculo con el contexto de latinoamericano, pero no para asumirlo o aceptarlo acríticamente, sino como concepto y término que convoca y moviliza la reflexión y abre el diálogo cultural. Es esta perspectiva, este modo de aprovechar el concepto y el término del posmodernismo, lo que la autora destaca en su libro como una postura creadora y renovadora en el entendimiento de la cultura americana. Ella misma se inserta en la línea de quienes, como Jorge Ruffinelli y George Yúdice,

> por fortuna, sin deslumbrarse ante el nuevo reto finisecular, aprovechan creadoramente las nuevas posibilidades interpretativas que, sin duda, estimula esta corriente de ideas, y aceptan una posibilidad de diálogo que se torna fecundo cuando contribuye a develar aristas y perspectivas de análisis de la cultura latinoamericana. (Mateo Palmer 2006: 14)

En este sentido, el discurso crítico-literario del libro no pretende analizar el canon posmoderno entre discusiones bizantinas, ni proponer definiciones cronológicas. Algo que, como dice la autora, «se encuentra muy lejos de ser precisada —aunque tampoco parezca necesario trazar minuciosas fronteras en ese continuo fluir del arte» (2006: 208)–. Margarita Mateo articula rasgos, recursos y procedimientos estilísticos que, si bien es posible observar a lo largo de la historia literaria, desde un punto de vista teórico se sienten privilegiados por la ideología estética contemporánea. Estos recursos, a la larga, no suponen radicalmente una definición del canon posmoderno de la literatura. Y así lo deja entrever cuando sus análisis literarios dan muestras de que ellos pueden, según el catálogo de rasgos posmodernos, confirmarse en la narrativa que, cronológicamente hablando, no entra sino en la moderna.

Ella escribía poscrítica comprende dos grupos de análisis literario: uno trabaja la narrativa de Alejo Carpentier, José Lezama Lima, Virgilio Piñera, Guillermo Cabrera Infante y Severo Sarduy. En algunos de sus textos se pueden percibir variantes y procedimientos estilísticos considerados posmodernos. De algún modo, debajo de esta propuesta analítica yace la idea de que, entonces, lo posmoderno es lo moderno radicalizado. En el segundo grupo de análisis se centra en la narrativa cubana más reciente, en títulos de autores como Alejandro Álvarez Bernal, Rolando Sánchez Mejías, Rogelio Saunders, Ronaldo Menéndez, Arsenio Rodríguez y Miguel Ángel Fraga. Es bueno aclarar que la autora del libro advierte que sus análisis, en el caso de los primeros, no tratan de «forzar denominaciones extemporáneas ni de considerar posmodernistas *avant la lettre* a creadores cuya obra general se inscribe en un definido proyecto de modernidad» (2006: 118). Tampoco implica, en el caso de los segundos, que «la mención del posmodernismo y la intención de buscar sus rasgos en [ellos], deba asumirse como un juicio de valor por sí mismo, ni como un afán de forzar análisis textuales para estar a tono con el canon de la moda» (2006: 195).

Aquí yace la clave que permitirá comprender lo que en páginas anteriores llamé asimilación discursiva. Tanto en los primeros como en los segundos, la autora rastrea un conjunto de recursos estilísticos o procedimientos estéticos hoy reconsiderados bajo la luz de una sensibilidad artística posmoderna. Cuando nos referimos al uso de la intertextualidad como recurso estilístico privilegiado dentro de lo posmoderno, y al pastiche y la parodia como variantes suyas, sobresalen *Concierto barroco*, de Carpentier, o *Tres tristes tigres*, de Cabrera Infante. Por otra parte, en obras de Piñera y Sarduy la autora destaca ese recurso, amén de la presencia, como rasgo estilístico, de la disolución del sujeto, de su Yo, a través de máscaras simuladoras. Lezama también es considerado, con especial interés, dentro de los autores que no forman parte de una batería posmoderna, e inscribe en una monumental novela como

> *Paradiso* rejuegos intertextuales, a través de los cuales se mezclan, en igualdad de rango, muy diferentes tradiciones culturales: la Isolda de la saga medieval con las leyendas de las sirenas-manatíes registradas por los cronistas de Indias, las Nictimenes y estinfálidas griegas con ecos de las remotas dinastías de los Han y los Song; todo bajo la sombra de la evocada virgen de la Caridad del Cobre. (Mateo Palmer 2006: 130)

En la obra de otros autores, que están más cerca en el tiempo, se vuelven a revisar esos recursos, teniendo en cuenta, de antemano, que muchos de ellos se orientan en direcciones que no presuponen la aceptación declarada de pertenecer al canon posmoderno. Por eso, escribe Margarita Mateo, más que un rastreo temático, interesa analizar en su libro «algunos de los procedimientos y actitudes ideoestéticas» puestas en juego. Con *Cañón de retrocarga* observa algunos de estos recursos posmodernistas que desconstruyen el tópico del heroísmo, como la autorreflexión, la multiplicidad y densidad del tejido intertextual y las variantes de intertextualidad, la burla y la ridiculización del acto de la escritura, la presencia en el texto de un concepto de originalidad posmoderna, la mezcla de lo culto y lo popular, en franca subversión de algunos códigos de representación legitimados por la alta cultura. Se añade, además, el análisis de una cuentística que se vincula con lo posmoderno, en su trabajo ideotemático, desde los márgenes, lo periférico, reviviendo la voz del Otro reprimida y discriminada: el gay, el roquero, el enfermo de Sida, el travesti. Así, se trabaja por disolver el binarismo que conduce a fijezas rígidas y dogmáticas mediante el empleo de nociones como el simulacro, el travestismo, las máscaras, las cuales tienden a descentrar el sujeto y el Yo único e indivisible.

No repetiré el conjunto de valoraciones sobre los recursos estilísticos que la crítica desarrolla en el libro. Sin embargo, era necesario mencionarlos porque servirán para entender el libro en la lógica de lo que he llamado «asimilación discursiva». Porque, como veremos más adelante, todos esos recursos y rasgos estilísticos que Margarita Mateo encuentra en Carpentier o en Lezama, en Alejandro Álvarez Bernal o en Rogelio Saunders, se repiten, se actualizan, se performativizan en la propia escritura de *Ella escribía poscrítica*. Es aquí, desde esta perspectiva formal, donde el libro adquiere otra dimensión: en el sentido que puede conllevar el apropiarse de unos recursos y rasgos estilísticos e insertarlos en el espacio post-crítico-literario fragmentado que es *Ella escribía poscrítica*. La autora recurre, para configurar su poscrítica, a procedimientos estéticos y estilísticos visibles en los textos literarios que son, precisamente, su objeto de estudio.

Es preferible evitar la relación de los innumerables intertextos que la poscrítica absorbe, para así no reducirla a una especie de etimología textual o, lo que es lo mismo, a una búsqueda de fuentes e influencias, sin más ni menos[2]. Dispuestos dentro de los capítulos titulados «Ella escribía poscrítica», en los que, como ya dije, se potencia la función poética, los referentes literarios conforman parte del mundo narrativo y de la escritura de la autora. Los recursos y procedimientos literarios que la crítica analiza en varios textos cubanos, son ahora asimilados en la pos crítica, en la escritura ficcional. Es como un reflejo de la actividad metalingüística, que se pone en escena. La intertextualidad y sus variantes, las formas del barroco, las influencias, la burla, la descentraliza-

---

[2] Se pueden identificar, señalar y catalogar los textos que funcionan como intertextos y que orientan la lectura, no de la crítica, sino de la poscrítica: la *Odisea*, *Altazor*, *La isla en peso*, *Tres tristes tigres*, *Dice Ifá y otros poemas*, *Hamlet*, *Cien años de soledad*, «Epístola a José Luis Ferrer», «Canción a la morfina», *Paradiso*, *El señor presidente*, el *Popol Vuh*…

ción y la fragmentación del sujeto, del Yo, que ya la crítica había revelado en la literatura, pasan a formar parte de la escritura autoral, de la misma crítica. El discurso académico, que marca capítulos como el primero, se ve perturbado por una vecindad de textos donde se emplean estos recursos y procedimientos artísticos.

Veamos dos intertextos que la poscrítica simula en sus textos, originando esa suerte de asimilación discursiva de la que he hablado, es decir, de recurrir a la intertextualidad como mismo se podía ver –como mismo la crítica lo dio a ver– en autores como Lezama. El primero es un poema de Martí, «Haschisch»; el segundo, uno de Gabriela Mistral, «Todas íbamos a ser reinas». En el primer caso, los fragmentos poéticos de Martí comienzan a minar la prosa que hasta ese momento dominaba la textualidad. Margarita Mateo cita el poema martiano dentro de su propia escritura, formando parte de ella, lo cual, por otra parte, hace que el ritmo prosaico se contamine hacia el de la poesía:

> El haschisch, recordó Surligneur-2, sabe las sombras de una noche hermosa, y canta y pinta cuanto en ella encierra. No entona jamás cántico grave. Fiesta hace en el cerebro, despierta en él imágenes galanas. Pinta del arroyo un blando quiebro, y conoce el cantar de las mañanas. Esta arábiga planta trovadora, no gime, no entristece, nunca llora. El haschisch es la planta misteriosa, fantástica poetisa de la tierra, de un dulce instante extra-vivido. (2006: 39)

¿Acaso la autora parodia a Martí? Creo que no. Las ondulaciones rítmicas de la poesía pueden asociarse, por una parte, con los efectos oníricos e ilusionistas de la propia droga. Y, desde una perspectiva estilística, el fragmento que acabo de citar se enajena de su contexto como si, a causa del haschisch, también estuviera bajos sus efectos. Si leemos el poema, primero en el original y luego en el texto de Margarita Mateo, ocurre una singular inversión de valores. En el poema –que atrapa lo arábigo y, de este, la sensualidad de la mujer-haschisch– hay un sujeto lírico, masculino, que entona la delicia erótica de la mujer árabe, mujer droga que libera al poeta de sus dolores, deleitosa presencia de un objeto lírico femenino, venturoso. Mientras en la poscrítica hay un sujeto lírico femenino que, en una situación erótica violenta –un intento de violación–, convierte al personaje Nazir, hombre árabe, en el objeto lírico.

El poema de Gabriela Mistral, por otra parte, es asimilado a la poscrítica como parte integrante de un flujo de conciencia en la mente del personaje Surligneur-2. Ocurre aquí, también, que la construcción en prosa da paso a otra con formas poéticas, lo cual provoca un marcado contraste genérico, porque se están insertando formas del lenguaje de la poesía –ritmo, rima, metro– en la prosa, que en un sentido lingüístico carece de ellas. En este caso, los fragmentos del poema de Gabriela Mistral constituyen la apertura y el cierre de un viaje que realiza la Mitopoyética, máscara de Surligneur-2 y Dulce Azucena, por los intersticios de su mente. Al igual que «Haschisch», la apropiación del poema de la Mistral no es sólo literal. El texto de la poeta chilena se funde en la escritura de la autora:

> Y comienza a girar y a dar vueltas, rueda rueda de pan y canela, danzas lunares de las tres hermanas en Brisas del Mar, todas íbamos a ser reinas en el Valle de Elqui de cien montañas y más, girando, mecida la Mitopoyética por las brisas marinas, por la hierbabuena y por el toronjil, mares verdes, mares de algas, de verídico reinar, girando, girovagando cada vez más alto, siendo grandes nuestros reinos llegaríamos al mar, cada vez más alto, en un reino luminoso de verídico soñar, cada vez más alto en Arauco y en Copán, cada vez, mientras abajo queda la silueta de Surligneur-2 en blando lecho. (2006: 110)

> [...] es acaso un extraño consuelo o íntimo pavor porque la diáspora, como la muerte, interrumpe la conversación y las danzas lunares de las tres hermanas en Brisas del Mar, todas iban a ser reinas de cien montañas o más, y en balance de madera han llegado hasta la mar: de Estocolmo, de Miami, de La Habana y de Copán: mecidos por las brisas de un ilusorio reinar, siendo halados nuestros viajes en verídico soñar. (2006: 116)

Fijémonos, en el primer fragmento citado y a partir de la circularidad, cómo existe una serie de términos que guardan una rima: «mar», «soñar», «reinar», «más», «Copán», y que permiten al discurso, desde lo formal, destacar esa noción de circularidad en la que se está adentrando el personaje. He citado, por otra parte, el comienzo y final de un pasaje en que se comienza un viaje «girovagante» por mundos imaginarios y reales a través de su conciencia. La asimilación del texto de Gabriela Mistral llega al punto de romper los versos originales. Por ejemplo, los versos «En el valle de Elqui, ceñido / de ciento montañas o de más» son objeto de una variación que los convierte en el alejandrino «en el valle de Elqui de cien montañas o más».

El segundo fragmento es eco del primero y, como ya dije, concluye el viaje iniciado por el personaje, con lo que se refuerza el círculo. Con la organización poética del texto se organiza una estructura circular. La escritura de Margarita Mateo vuelve a reproducir, re-crear, re-escribir algunos de estos versos. Los transforma y combina con otros elementos extraños al poema, obteniendo un mosaico conformado por frases mistralianas —«todas íbamos a ser reinas», «en el valle de Elqui»— que se leen en filigrana con otros referentes geográficos –La Habana, Estocolmo, Miami– y de la tradición popular, como este comienzo de un canto para niños: «rueda rueda de pan y canela». Esta ilusión textual, la presencia de textos ajenos y confundidos en la escritura de la ensayista, aumenta en el segundo fragmento. Se trata, como se ha podido apreciar, del mismo poema, sin embargo, esta vez su estructura poética está absorbida completamente.

Quisiera ahora adentrarme en otro aspecto que refuerza la asimilación discursiva. Se trata del simulacro y el uso de máscaras en la poscrítica, tal cual la crítica lo había visto en su objeto de estudio. La poscrítica, concatenación diferenciada de ocho capítulos, reconstruye alrededor de los restantes una historia y un mundo privados que descubren a la persona escondida tras la entelequia dominadora del discurso de la crítica. Se produce una apertura singular del individuo. Se descubre el complejo fondo vital a partir del descorrimiento del velo que cubre a un sujeto de la crítica cuyo fin es servir como instrumento mediador entre lector y obra, toda vez que aparece despersonalizado, hecho de tanta transparencia y objetividad que se vuelve casi una nulidad, una total invisibilidad tras sus enunciados crítico-literarios. «Todo discurso», diría la autora en una conversación conmigo, «responde a una persona que lo arma, que lo ve, por lo tanto esa persona tiene un mundo que siempre esconde detrás de un telón y en *Ella escribía poscrítica* se está descorriendo el telón» (Pérez-Hernández 2008: 191).

Ya hemos apreciado que el libro es un texto que no se deja atrapar en una noción cerrada, única e indivisible. En cuanto texto, es puesto en jaque genérico. A pesar de las evidentes y claras delimitaciones, las fronteras son transgredidas como resultado de la coexistencia de varios discursos en un mismo espacio textual, dentro de una totalidad. Este rasgo del libro se re-presenta directamente en el discurso poético. Aquí el sujeto de la crítica, transformado en personaje, es simulado tras máscaras que, en lugar de ocultarlo, lo que hacen es develarlo y develarle múltiples aristas, impensables en el dominio del Yo del discurso crítico-literario. Se rompe con la entelequia dominante, se fragmenta el Yo, como mismo sucede con el libro, y se disuelve en varios personajes que lo muestran como una entidad cambiante, llena de movilidad, abierta y rica en matices humanos.

De tal forma, la simulación del Yo, su fragmentación, origina en principio dos máscaras: Surligneur-2 y Dulce Azucena, que se convierten en conductoras principales del relato que la poscrítica desarrolla. Los nombres con que son identificados y revestidos influyen en la caracterización de estas máscaras-personajes. El nombre de Surligneur-2 juega con la capacidad de formar el discurso teórico y crítico-literario, al proponer una identificación semántica con el mismo concepto de la intertextualidad, en términos, incluso, de origen idiomático, si recordamos que ha sido en Francia donde este concepto tuvo un fuerte desarrollo. Tomado con toda seguridad de cualquier marcador de colores chillones –amarillo, rosa, verde– que se utilizan para señalar o marcar en las páginas lo que se lee, es un vocablo francés en el que puede leerse o sentir la alusión al texto como mosaico de citas que se construye en un estar «entre sus líneas o renglones», es decir, entre varias dimensiones pero nunca visiblemente al centro.

Significativo es el grado de abstracción que se infiere de un nombre como el de Surligneur- 2, y que visto en el personaje se traduce en la incorporación del concepto de un sujeto abstracto y objetivo, pensado como entelequia asexuada más que como ser humano. El número, por su parte, es el punto de articulación con la otra máscara: Dulce Azucena. Nombre de flor, es casi lo opuesto. Roza los marcos de la vida privada, de lo femenino. Está marcado genéricamente, a diferencia del otro, que parecía neutro –como neutro se quiere al sujeto de la crítica–. Y lo signa, ya a nivel de la caracterización, lo pasional, el sentimiento, la subjetividad. Tiende, asimismo, a identificar una humanidad diferente por encima de lo que Surligneur parece designar: el ser abstracto y robótico de la crítica académica.

Son tantas las fuerzas que se mueven detrás de ellas que lo que aparece como un simple simulacro o camuflaje, tiende en muchos casos a proyectar verdaderos personajes independientes, como sucede en el segundo de los capítulos titulados «Ella escribía poscrítica». Aquí se narra una compleja situación de violencia erótica marcada por el deseo, el cual resulta frustrado por la acción represora de Surligneur. Este personaje se coloca como antagonista ante los reclamos eróticos de Dulce Azucena, mientras que Dulce Azucena es la encargada de ser el agente que desea el cuerpo de Nazir, el tercer personaje implicado en este capítulo[3].

---

[3] Años después, en la misma conversación conmigo, la autora del libro confesaría ante la pregunta de si era sexy Nazir: «Sí lo era. Mucho. Nunca recriminaré lo suficiente a Surlig-

La relación antagónica se ve precisada en el libro bajo diversos motivos. Toma en algunos casos la forma de «la lucha entre el pensar y el sentir», como afirma Nara Araújo (2000: 35). Es decir, entre la condición académica, de la cual es portadora Surligneur, y la humana, que cubre a Dulce Azucena. Tal relación podemos seguir rastreándola. En el capítulo «Ella escribía poscrítica» que le sigue, cada uno de los personajes realiza actividades dentro de esferas contrapuestas, aunque la acción se ubique en un espacio común para ambas, íntimo y privado a la vez. La diferencia estriba en que Surligneur revisa «disciplinadamente» unas fichas que contienen el saber académico, mientras que Dulce Azucena, cansada de su hegemonía, levanta y enseña «papelitos más marginales», tratando de subvertir la recta disciplina que aquella desea instaurar. Finalmente, este enfrentamiento entre el pensar y el sentir, entre una y otra, se repite y alcanza su clímax en el octavo «Ella escribía poscrítica», donde ocurre el choque entre ambas. Tal parece que se fuera a repetir lo que sucedió con Nazir, pero esta vez fallarán los intentos de Surligneur por mantener a Dulce Azucena fuera del sentir y del amor, del deseo y lo erótico. El choque se desata cuando Dulce Azucena opta por la cita amorosa con un personaje llamado Innombrable, abandonando a Surligneur en sus predios académicos y profesorales, que en última instancia devienen represores.

El conflicto entre estos personajes, entre estas máscaras, mueve y hace progresar el relato de la poscrítica. Pero hay otras máscaras que se derivan de ellas: la Feministadesatada, la Mitopoyética, la Abanderada Roja, la Siemprenvela, la Intertextual. Si bien no alcanzan un estatuto de personaje tan definido como en Surligneur y Dulce Azucena, quienes tienen la capacidad de ser pensadas desde una perspectiva que las coloca como personajes autónomos e independientes, aquellas funcionan enteramente en entidades de cierto modo derivativas, como lo vio Nara Araújo. La Mitopoyética, por ejemplo, puede verse como una derivación de Dulce Azucena, al notar que sus salidas tienen más de la imaginación

---

neur-2 por haber dejado escapar de sus manos esa maravillosa oportunidad que se le presentó inesperadamente. Desde luego que debió de haber hecho el amor con el árabe en los asientos del tren Irún-Madrid. Dejar que el moro lujurioso la colmara de arábigo erotismo y le transmitiera el ardor de una frente de la que el negro cabello se desvía. Son oportunidades únicas, que no se vuelven repetir. En un texto que escribí posteriormente, no publicado todavía, aparece un personaje femenino, Gelsomina, que se desquita de Surligneur en un intenso encuentro sexual con un jamaicano, también en el vagón de un tren» (véase Pérez-Hernández 2008). El texto al que hace referencia es la novela *Desde los blancos manicomios*, publicada en 2008 por Letras Cubanas.

y conflictos humanos que de la academia o la crítica literaria. Por momentos desplaza a Surligneur, aunque nunca llegue a dialogar con ella, como sí lo hace la Azucena: «Los huesos de los hombres de conocimiento no se encuentran en los cementerios, repite desde su soñolencia Surligneur-2, como una letanía de la duermevela, y la Mitopoyética, que ha estado tanto tiempo marginada, siente que ha llegado el momento de desplazarla. La Mitopoyética decide, en efecto, escribir ahora su posmito» (2006: 109-110). Y ese «posmito» no es más que un viaje escrito dentro de coordenadas en las que se busca legitimar una conciencia y una tradición femeninas. Así, confluyendo con la Feministadesatada y muy lejos de Surligneur, la Mitopoyética

> se siente como Carlos Marx escribiendo *El capital*. Se siente como Martí fijando las bases del Partido Revolucionario Cubano. ¿Por qué no se siente como la niña de Guatemala, ya que no María Mantilla? ¿Por qué no se siente como Jenny? ¿Por qué no se siente como María Zambrano, o mejor aún, como Rosa Lima de Lezama? ¿O como Rialta, para estar en un plano más claramente ficcional? Y ya que está ficcionando, ¿por qué no como Ynaca Eco? Pero lo decisivo realmente es que la Mitpoyética se siente importante. Está llena de fuerzas, de energía, diz ella misma que de poder. (2006: 110)

No se puede dejar de señalar, por último, la existencia de una tercera máscara o personaje, no dentro del libro, sino dentro del gesto de la poscrítica. Me refiero a Ínclita de Mamporro, la autora de «Ella no escribía poscrítica: exorcizaba sus demonios». Es importante considerar este texto y su autora como parte del libro, ya que transgrede de manera mucho más radical los límites originarios entre crítica y literatura. Dicho texto pudiera ser revisado como dos momentos y desde dos perspectivas: 1) acción lúdicra, carnavalesca y teatral que formó parte de la presentación del libro; 2) artículo crítico publicado en la revista *Unión*. Desde la primera perspectiva, ha llamado la atención de Nara Araújo:

> Esta performance, parte del juego que *Ella escribía poscrítica* había iniciado, continuaba la transgresión del canon de la crítica y de las instituciones culturales que promueven la crítica. Tras una nueva máscara, Margarita Mateo asumía aquel día [de la presentación] en el texto «Ella no escribía poscrítica», la hermenéutica de su propio libro mediante la autoparodia, los juegos temporales e intertextuales, los apócrifos, las alusiones ficcionales a sus colegas vivos allí presentes. (2000: 36)

Esta performance, donde la autora del libro se presentó como Ínclita de Mamporro, disfrazada con peluca y turbante, con dos condecoraciones oficiales como aretes –una medalla por la educación cubana y otra por la cultura nacional–, resumió todo el juego que *Ella escribía poscrítica* engendró. Se convirtió en parodia de la parodia al concentrar en un solo texto, que funcionaba como autometacrítica, las mismas estrategias discursivas de las que su libro era portador. Desde una segunda perspectiva, la acción performática provoca una mayor rotura. Aislado del contexto, ya que no se especifica su real procedencia –lo cual debe ser ex profeso, pues Morejón Arnáiz, la autora de uno de los primeros ensayos que se escribieron sobre el libro, era entonces la encargada de la sección «Pretextos», donde aparecen el ensayo suyo y el de Ínclita de Mamporro–, el texto desestabiliza el propio marco en el que se publicó. De este modo, su lectura en la revista obliga a activar sospechas en cuanto a su «realidad». Hay suficientes marcas para reconocer que detrás se esconde un juego burlesco y paródico con la propia identidad del texto. Son los «juegos temporales» a los que se refiere Nara Araújo y que desestabilizan el *continuum* cronológico en que se inserta la publicación, pues el artículo, que según una nota al margen fue escrito en 1996, en el cuerpo del texto aparece como si hubiera sido «escrito» en el siglo XXI. El texto no puede tomarse al pie de la letra ya que no se identifica y el tiempo de su escritura aparece dislocado, confuso. Aun cuando un artículo sobre *Ella escribía poscrítica*, de Idalia Morejón, lo preceda en la revista, no ayuda a ubicar la verdadera naturaleza de «Ella no escribía poscrítica», porque no se hace eco de él, ni de la presentación en un salón de la sede de la Editora Abril. Sólo a Ínclita le es conferida la autoría. Margarita Mateo se reduce a un referente, a un objeto de estudio que es trabajado desde otro siglo.

*

«Este estudio es, de algún modo, una ficción». Así empezaba el crítico Jorge Fornet su volumen de ensayo *Los nuevos paradigmas*. En 2002, Néstor García Canclini, en el prefacio a *Latinoamericanos buscando lugar en este siglo*, después de señalar los objetivos de su libro, anota, de paso y con mucha intención, que quiso «dar libertad a la escritura» y moverse «entre géneros, desde los narrativos hasta los reflexivos, fundando las interpretaciones en la información controlada de investigaciones empíricas» (2002: 13).

¿Por qué estos críticos experimentan el sentimiento de ficción en sus escrituras? ¿Qué los lleva a advertir al lector, desde el inicio, que sus textos están cargados de ficción? ¿Y de qué ficción se trata? La respuesta tomará giros distintos en cada uno, pero no deja de ser sintomático a la altura de sus respectivas trayectorias como estudiosos de la literatura y de los procesos culturales contemporáneos.

Quizás Fornet piense que lo escrito por él responda más que todo a una invención muy suya, a una verdad que ha hallado en sus muchas lecturas literarias y que desea ponerla al descubierto. O pudiera ser que él acaba de escribir un «relato» personal en el que intenta descubrir los posibles discursos de la literatura latinoamericana con que abre este siglo XXI. Pero también, como buen conocedor de la obra de Ricardo Piglia, sus palabras esconden esta idea del escritor argentino: «Por mi parte me interesan mucho los elementos narrativos que hay en la crítica: la crítica como forma de relato; a menudo veo a la crítica como una variante del género policial. El crítico como detective que trata de descifrar un enigma» (citado en McCraken 2000: 110). Esto es, una concepción de que toda crítica es de algún modo una especie de ficción detectivesca o policial cuyo sujeto crítico escribe a partir de la subjetividad propia pero amparado en una objetividad o, tal vez, en un control que autorice la escritura de sus propuestas interpretativas, descriptivas, valorativas.

Ojo: no significa que *Los nuevos paradigmas* se inscriba como novela, acaso como suma de relatos[4]. Es muy probable que en el horizonte de Fornet se halle suspendida la idea de que la crítica literaria, en tanto género y discurso, se comporte como un discurso ficticio con basamento veraz, cuyo autor expone sus juicios sobre acontecimientos y sucesos literarios, o sobre textos y estéticas diversas; y en el transcurso de tal exposición, que no necesariamente deba ser «narrativa», ponga a la intemperie –al lector, quiero decir– no sólo una biografía del crítico literario –que se descubre en las marcas o huellas que va dejando–, sino también el «relato» personal que ese crítico estaría construyendo en torno a un tema dado y a partir del aporte y la combinación en su discurso de los «datos» hallados. Sería así, en esta línea argumental, que se

---

[4] *Los nuevos paradigmas* bien pudiera ajustarse a estas palabras de Piglia en las que responde que el crítico es «el que registra el carácter inactual de la ficción, sus desajustes respecto al presente», el que pone al descubierto «las relaciones entre la historia y la literatura, entre la ficción y la sociedad» (2000: 40).

piense que la crítica delataría la biografía de quien la escribe y las entrañas de su propia personalidad.

Cuando le preguntan en cierta ocasión sobre la «especificidad de la ficción», Piglia responde que es «su relación específica con la verdad», y agrega: «Me interesa trabajar esa zona indeterminada donde se cruzan la ficción y la verdad. Antes que nada porque no hay un campo propio de la ficción. De hecho todo se puede ficcionalizar» (2000: 31). En esa singular idea de cruce entre la ficción y la crítica en el texto, surge el no menos conflictivo y debatido cruce entre un personaje salido de la ficción y otro de la realidad (que no es lo mismo un personaje de la realidad inserto en un plano narrativo, en una novela o un cuento). Y en medio de todo esto, el papel de la verdad con que trabaja la crítica. Me detengo en este punto porque se conecta con la idea de Julio Ramos de la crítica como un género de la verdad.

Ricardo Piglia es el creador de un personaje, Emilio Renzi, quien a su vez –ha declarado el mismo Piglia– se comporta como un alter ego suyo. El personaje, que aparece no sólo en la novela *Respiración artificial* sino también en otros textos piglianos –por ejemplo, en el relato «Nombre falso» como compilador de una antología de Roberto Arlt–, alcanza su máxima celebridad en *Respiración artificial*. En ella el personaje expone teorías –¿de Piglia?– sobre Arlt, Borges, Lugones y la lengua nacional argentina. Sin embargo, años antes la revista *Punto de Vista*, en su primera entrega de 1978, había publicado un artículo firmado con su nombre: «Hudson: ¿un Güiraldes inglés?» –a pesar de no serlo hoy día, más tarde se confesaría el nombre como seudónimo de Ricardo Piglia (en realidad, son, respectivamente, el segundo nombre y apellido de Piglia (2000: 36).

Renzi es el mismo personaje cuyas palabras Julio Ramos cita en una nota al pie, la 10, del ensayo «Don de la lengua», recogido en *Paradojas*. En *Por si nos da el tiempo* el autor valora no la aparición de él en ese texto, sino la que hace en su tesis de doctorado, donde se pregunta cómo pudo pasar por autoridad crítica la cita de un personaje de ficción. «Curioso», le dice Julio Ramos a Santiago Lavoe,

> ¿no te parece que las palabras de un personaje cobraran tanta autoridad en una tesis doctoral aprobada en Princeton University [...] ya hoy está clarísimo que Renzi debería pasar a la historia como uno de los grandes críticos literarios latinoamericanos. (2002: 69)

De vuelta a Canclini, si no es intención suya «infectar» su escritura y subvertir la disposición académica o disciplinada del discurso, a él también lo afectan esta desviación y esta intromisión de lo narrativo. No por gusto advierte la contaminación; y rápidamente rectifica su tendencia inicial y regresa, tras «narrar» un encuentro y diálogo con un taxista argentino, al estatuto disciplinado del discurso crítico[5]. Sobre las advertencias de Canclini y Fornet y más allá de otros comentarios o juicios que podrían desprenderse, ¿se trata de higiene, de limpieza, de salvar la pureza de una práctica y un discurso críticos? O, en el orden que quisiéramos establecer aquí, ¿no podrían ser ellas formas de una disciplina crítica?

He aludido a estas declaraciones para llegar a un *Por si nos da el tiempo* que no advierte de manera explícita el asunto de la relación entre ficción y verdad, entre ficción y crítica, pero que, en cambio, participa del estatus genérico de la ficción tanto como del de la crítica. ¿Por qué un académico, profesor universitario de literatura y cultura latinoamericanas y con una arraigada disciplina crítica[6] decide salirse del marco de las formas académicas y críticas en el que se había preparado y condicionado su propia expresión escritural?

Al leer el libro, la pregunta anterior quiere insistir en la posibilidad de una ficción sospechosa. Pero ¿por qué entonces el imperativo genérico de la crítica, ese discurso de la verdad –diría el propio Ramos–, y no de la ficción, seduce en las lecturas que se hacen del libro[7]? Igual se podría comprender el mencionado libro como mismo lo comprendió quien lo fichó en el apartado de materia «narrativa puertorriqueña». Con lo cual las páginas que siguen y hasta las que preceden no tendrían razón de ser (críticas, metametalenguaje).

Pero hay razones para sospechar de esa «narrativa» explícita tanto como de su implícita «crítica», o viceversa, desde el mismo instante en que otros, como Canclini y Fornet, se ven impelidos a tales advertencias en sus textos. Asimismo lo que intento demostrar en estas páginas es que esa sospecha puede mantenerse

---

[5] ¿Sería posible que Canclini no desee articular en su escritura lo que en cierta ocasión expresó sobre las entrevistas de Ricardo Piglia –con seguridad las de *Crítica y ficción*–, cuando afirmaba en 1989 que «Tal vez Piglia sea, después de Borges, quien mejor ejerce en las entrevistas la tarea de ficcionalizar las afirmaciones personales, confundir la diferencia entre discurso crítico y ficción»? Véase Fornet 2000: 40.

[6] No citó a Emilio Renzi, sino al *personaje* Emilio Renzi.

[7] Remito a las reseñas de Alejandra Laera y Enrique Foffani. Ambos insisten en esa condición crítica: una alternativa al ensayo latinoamericano desestabilizando las fronteras genéricas mediante una salida narrativa, como sugiere Laera; o un texto en el que confluyen la ficción y la crítica sin llegar a la simbiosis, como advierte Foffani.

de igual forma desde otra perspectiva, la que aquí deviene tesis: *Por si nos da el tiempo* participa, además, de una estrategia que hace que la noción de mera ficción crítica se vea revisada bajo la de la asimilación discursiva. El discurso de la crítica asimila, se apropia, toma, absorbe las propiedades discursivas de su objeto de estudio. Dígase réplica, analogía o paráfrasis, lo que quiero señalar es que no sólo vale el *qué* se dice, sino el *cómo*, y con ello tener en cuenta el carácter performativo de la escritura.

Al comienzo de *Por si nos da el tiempo*, un narrador, que luego se presentará como Julio Ramos –el «campo semiótico Julio X. Ramos», para ser más exactos y a riesgo, por lo demás, de revolver su propia indeterminación, pues sus características coinciden enteramente con las del Julio Ramos real–, se encuentra en una isla situada en la bahía de San Francisco. El lugar es pensado como límite, mientras que quien se piensa a sí mismo, el narrador, cuelga una duda en la propia noción de identidad, e incluso por el reverso de sus palabras, de la propia identidad como escritor, al dejar constancia de la interrogante sobre «lo que uno es», sobre «lo que uno debe creer que es» (2002: 15). He aquí el punto de partida del libro, cuya historia bien podría ser otra pregunta acerca de eso «que uno debe creer que es», señalada en un encuentro –ficticio– que mantuviera Julio Ramos en La Habana, a mediados de 1999, con un joven intelectual chileno, Santiago Lavoe, en el hotel Habana Libre.

En ese encuentro Santiago le realiza una entrevista cuyas preguntas persiguen, una y otra vez, le explica a Julio Ramos, descubrir «la historia de sus *Desencuentros*» (2002: 65), que no es más que la historia otra y personal de la escritura del libro editado por el mexicano Fondo de Cultura Económica en 1989. La entrevista, confiesa el narrador, «tenía mucho que ver con la curiosidad, con el impulso a descubrir algo de mi vida que no estaba explícito en los libros» (2002: 48). Y ella, que quiere ser parte de un libro «virtual» que Santiago pensaba editar bajo el título de *Los más raros todavía* –en alusión a *Los raros*, de Rubén Darío–, iba a ser publicada primero en la chilena *Revista de Crítica Cultural*, que dirige Nelly Richard, pero nunca llegó a ver la luz.

No quisiera pasar por alto esta relación entre *Los raros* y *Los más raros todavía*. En el primero, Darío incluye a José Martí, en un gesto que nota el interés que el poeta nicaragüense tiene por la «rara» personalidad de Martí. El ficticio e inexistente libro de Santiago Lavoe, por su parte, incluye al personaje de Julio Ramos. De una manera quizá velada, hay una comunidad y asociación entre las figuras de Martí y la de Ramos. Pero hay que señalar que no significa una equivalencia total entre los dos. Este correlato «libresco» pudiera establecer una equivalencia entre dos «rarezas», pues en definitiva y salvando las distancias, ¿qué cosa no ha hecho Julio Ramos sino escribir su obra casi en similares condiciones de emigración y «exilio», viajes y desplazamientos no sólo geográficos, sino también lingüísticos?

Mas tarde, Julio Ramos recibe en su casa una versión del manuscrito original, el cual, sin embargo, omite, borra, silencia «la parte más personal» de la conversación, el «quieres que te cuente mi vida» que emergería con la respuesta a la pregunta «¿Dónde figura usted entre esas historias [de Martí, Bello, Sarmiento] que ha dramatizado tanto?». Desde el instante en que recibe el manuscrito, Julio Ramos recuerda –inscribe en la página en blanco, narra esa experiencia– ese encuentro, o mejor dicho, algunos momentos anteriores, simultáneos y posteriores inmediatos a la entrevista: narrándolo en primera persona pero también agregando en su narración, a manera de epílogo, la entrevista, el exacto y «dialógico» encuentro entre ambas voces. Queda la sensación de que el libro se está construyendo sobre los restos que quedaron dispersos, apartes, del discurso académico de Ramos, al pretender reconocer que la entrevista, y el relato de *Por si nos da el tiempo*, intentan rescatar los silencios, las omisiones, el lado escondido del sujeto de la crítica.

Es que el tema del silencio resulta clave. *Por si nos da el tiempo* reitera las borraduras, las elisiones, las elipsis, las omisiones y los verdaderos silencios declarados por el narrador e indicados, luego, en la propia entrevista por puntos suspensivos. Sin embargo, el libro tiene la intención de contar una «historia» que quedó silenciada, omitida en *Desencuentros*. Por otro lado, a un libro que pasa buena parte de su escritura manifestando que esto se borró, que aquello se omitió, que esotro no puede salir y que deberá permanecer velado, le resulta contradictorio que exprese que tiene la intención de develar lo que antes no apareció escrito en *Desencuentros*.

Este es, a grandes rasgos, el preámbulo de un libro. Ahora bien, se le puede comprender desde dos perspectivas. La primera, que ya he desarrollado en los párrafos anteriores, destaca la escritura desde un plano narrativo, ficcional. Estamos en presencia de un relato literario que articula un sistema de personajes en un espacio narrativo puntual. La otra posición, en cambio, ubica el relato en el horizonte de la crítica literaria. Se trata de un texto escrito bajo algunas de las condiciones de verdad que impone la crítica y que intenta sustentar la voz del narrador así como la de otros personajes. En otras palabras, me refiero a un texto que enuncia su objeto de estudio:

la obra de varios autores en vínculo con sus experiencias vitales y literarias: Sarmiento, José Martí, Pedro Pietri, Carlos Montenegro, William Carlos Williams, Thomas Pynchon o Fitzgerald.

El libro discurre por ellos y da a conocer no sólo situaciones y experiencias límites en que produjeron parte de su obra, sino la posición que esta y aquellos alcanzaron en el campo literario al que pertenecieron. Pero a todos, y salvando las diferencias, los une un rasgo común: han radicado de alguna u otra manera, o en alguno u otro momento de sus vidas, en los bordes de un espacio o campo literario, en zonas de lo marginal o fronterizo. Pero lo marginal indica, iremos viendo en el transcurso de estas páginas, el espacio que estos han ocupado no sólo por la literatura o la actividad intelectual, sino también por sus lenguas, las cuales se han visto sujetas a contactos de extrema violencia productiva.

En relación con lo anterior, mencionaré algunas tesis críticas que se proponen en el libro y que tienen como finalidad dibujar el objeto de estudio. Entre las varias que cabría mencionar, está la tesis que se construye alrededor de José Martí, un autor que hizo casi toda su obra, por no decir la más importante, en un puntual exilio espacial pero también en uno lingüístico. Fue allí, por ejemplo, donde escribió esas fundamentales crónicas para entender críticamente un modo de vida y producción cultural modernas que ya tipificaban los Estados Unidos, concretamente el Nueva York en que residió, o donde dio conocer dos de los textos que se consideran, uno, el manifiesto del latinoamericanismo, y otro, el manifiesto latinoamericano de la modernidad: «Nuestra América» y el «Prólogo al *Poema al Niágara* de Antonio Pérez Bonalde».

Una de las tesis que maneja el libro en relación con este autor es la del espacio en que produjo esa escritura:

> Martí debe haber escrito buena parte de lo mejor de su obra en esos años en habitaciones modestas, muy urbanas. Eran las únicas que le permitía alquilar su sueldo de periodista [...] Martí vivía en Nueva York cuando reflexionaba contra la vida en los hoteles y *fue en esos mismos hoteles* donde se imaginó el telurismo ese por el que se le recuerda tanto y por el que dio finalmente la vida. (Ramos 2002: 32; énfasis mío)

José Martí, en este contexto, es reconocido como un sujeto desplazado, errante, cuya obra, o parte de ella, aparece en relación estrecha con la situación de emigrante o de exiliado en que vivía.

Pero también resultan relevantes en el libro las tesis críticas en torno a autores y obras como las de los estadounidenses Thomas Pynchon y F. Scott Fitzgerald, el salvadoreño Alberto Mendoza y el cubano Carlos Montenegro. Los dos primeros están implicados en el tropo del hotel, que más adelante comentaré y que les resultó vital en determinados momentos de su carrera literaria. Y es por la relación que Julio Ramos establece entre los autores y esas zonas de tránsito que son los hoteles y moteles que se puede comprender el estatuto de escritores que han desarrollado una vida literaria en los cruces señalados. Alberto Mendoza, a quien Julio Ramos le dedicara un extenso ensayo académico en 1996[8], representa en su persona los «oficios» de guerrillero, ladrón y poeta, «oficios» que complementan la vida marginal que vivió: primero en su país, luego como exiliado político en Canadá y los Estados Unidos, donde finalmente se dedicó a robar iglesias hasta que fue apresado. Curioso caso este, que entra en la vida de Ramos el día en que fue convocado como especialista literario al juicio que se le seguía por robo y homicidio. Con la presencia de ese «especialista literario», se intentaba hacer valer la palabra de la poesía, es decir, la palabra literaria de Mendoza, para atenuar los cargos que se le imputaban.

En el caso de Montenegro se insiste en la condición marginal no sólo de su vida, sino de la misma condición en que se ha insertado parte de su literatura, como muchos de los cuentos que escribió estando en la cárcel –pasó doce años en el entonces Presidio General del Castillo del Príncipe y ahí fue que comenzó su carrera literaria, después de haberse ganado la vida como marinero–, o la novela *Hombres sin mujer*, que escribió después de salir de la prisión y «que abrió los límites del género para darle entrada a una lengua que hacía añicos las sagradas escrituras del castellano durante la límpida década del 30» (Ramos 2002: 52). Esto hizo que la suya fuera «una escritura transgresiva en la medida en que produjo un mapa preciso de las fronteras, de las leyes de la literatura establecida» (2002: 53).

Me interesa destacar aquí cómo el discurso crítico dispone la obra y las figuras literarias dentro de la tesis del sujeto marginal, confinado, y con él su literatura y lengua trasgresoras. Usando una especie de «licencia crítica», los autores y obras señaladas pueden denominarse como textos. Así aceptados, podrá ser más fácil advertir de qué forma la narración pone en escena estos

---

[8] El ensayo, además, aporta juicios sobre el tema futuro de los estudios culturales y literarios latinoamericanos y los retos que se deben enfrentar.

textos, asimila las mismas propiedades o características que el crítico les atribuye a los autores y las obras mencionadas. Es un juego de asimilación discursiva, donde el discurso crítico asimila el de su objeto de estudio.

Por si nos da el tiempo alberga en su escritura dos modos de producción de literatura: el de la crítica y el de lo artístico –el de la no ficción y el de la ficción, dicho de otra manera también tradicional–. ¿Cómo ocurre tal contaminación en un texto que apunta hacia dos órdenes discursivos que la tradición contrapone? El asunto, reitero, no estriba en estar convencidos de una contaminación o cohabitación de la crítica y lo literario en una misma escritura –fenómeno que no es excepcional, basta leer el libro para convencerse de ello–, sino en el modo en que opera esa relación entre uno y otro discurso. Sólo así se puede salvar la mera cuestión de la identidad genérica y llegar más allá, hasta los extraños movimientos discursivos en un único espacio textual, hasta la plenitud de significados que encierra la disposición de textos diversos pero comunes en una misma escritura, en un mismo texto: el de Julio Ramos.

A medida que transcurre la narración, aparecen los nombres que conformarán el sistema de personajes: junto con Julio Ramos, el entrevistado, aparecen Santiago Lavoe, el entrevistador, y Ana, la amante de este. A ellos habría que añadir el personaje de Jenine, una prostituta cubana que aparece en medio del encuentro y, según se entrevé, realizó estudios literarios (aunque a esas alturas la literatura le interesara poco), con un profesor de apellido Redonet –el Salvador Redonet Cook de la Facultad de Artes y Letras de la Universidad de La Habana–, quien le enseñó, «seguro que en broma», que los versos «Pugnamos ensartarnos por un ojo de aguja», «Tú me manqueas apenas pululando» y «Pues vamos cuelvo a fecundar tu cuelva», del Vallejo de *Trilce*, pertenecían a Severo Sarduy. Nótese en este margen de supuesto error, a la hora de citar los últimos versos, un juego productivo con la lengua al invertirse la pronunciación de *r* por *l*, en «cuervo» por «cuelvo», fenómeno característico del español, pero que en Puerto Rico ha resultado sumamente marcado en términos identitarios. Como un guiño de Jenine a Ramos, y de Ramos al lector, a la vez que una inversión de valores lingüísticos y de un «buen saber decir» y un «buen hablar». Como fondo de todos, está Pepón Arroyo, primo hermano del personaje Julio Ramos.

Conviene señalar, antes de seguir, las funciones que desempeñan estos personajes y no perderlos de vista dentro de las marcas valorativas que se desprenden de la esfera del discurso crítico que, por otro lado, propone el libro.

Los dos puertorriqueños, el chileno y las cubanas están signados por el viaje, la mudanza, el cambio y la experiencia de habitar espacios fronterizos, ubicados al margen de lo establecido. Todos son, en esencia, sujetos desplazados, marcados por la errancia, y en ellos se van a proyectar, visualizar, performativizar los textos que he señalado anteriormente.

Quiero volver a Pepón Arroyo, «el enigmático nómada boricua», que acaba siendo el pre-texto de los *Desencuentros* de Ramos. Primero que todo, porque el propio narrador Julio Ramos evidencia la estrecha relación que guardan sus experiencias vitales con las de él, durante una estancia suya en Quito estuvo «tratando de atar los cabos sueltos de su vida para una biografía que en realidad sería la historia de mi propia vida» (2002: 23). Es la historia oculta. De hecho, Julio Ramos quiso dedicarle *Desencuentros* a raíz de su muerte, pero ya el libro estaba en proceso avanzado de impresión. En Pepón confluirá la figura del desplazado, pero también la del marginal.

Más allá de si es o no una figura real, aparece referido en *Por si nos da el tiempo* como otro personaje en que se monta la historia del errante, del sujeto inmigrante. Él abandona su tierra natal, Puerto Rico, para radicarse en Ecuador, en un hotelucho de mala muerte en la ciudad de Quito, donde «se dedicó a negocios más turbios, ligados a un grupo de esmeraldinos exiliados en Quito, pájaros de mar en tierra, delincuentes menores animados por grandes sueños, según la versión del primo» (2002: 84). Allí desenvolverá una vida no menos misteriosa, que será desconocida por la familia y originará las tantas versiones que sobre su existencia se tejió, para que, al final, «nadie en la familia, ni yo mismo [conociera] la verdadera historia de las peripecias clandestinas de Pepón Arroyo [...] a lo largo de los veinticinco años de evasión» (2002: 86). En su figura de personaje se visibilizan las experiencias de Alberto Mendoza, el tropo del hotel, pero igual se vislumbra ese lado marginal del Carlos Montenegro que se mueve entre los espacios delincuenciales[9].

Entre Santiago Lavoe, chileno, y Julio Ramos, puertorriqueño, se advierten signos que los identifican a ambos en un mismo campo semiótico. O, quizás, sería mejor precisar que en la figura de Santiago Lavoe se advierten signos que permiten considerar a este personaje como una extensión del autor. Tal vez otro

---

[9] Comenta Caridad Tamayo en un libro que ella publicara acerca de la novela carcelaria: «Cuando comienza a escribir sus narraciones entre los muros del Príncipe, ya Montenegro tenía grabadas las huellas de otros muros: había estado preso en el puerto de Tampico, México [...]. Según cuenta Pujals, tenía una cicatriz de puñal en la parte lumbar que le recordaba esta etapa» (2005: 61).

alter ego particular, pero alter ego al fin. En el análisis del nombre se descubren huellas significativas de identidades híbridas: Santiago, que recuerda el nombre de la capital de Chile; y Lavoe, que remite al famoso cantante puertorriqueño Héctor Lavoe, muerto prematuramente. La conjunción de estos nombres en el personaje intenta destacar esa doblez identitaria en un plano que escaparía a muchas personas. La identidad del personaje se puede reforzar con este nombre que remite directamente a un espacio geográfico. Por otro lado, con el apellido, Julio Ramos tal vez buscara engarzar al sentido «chileno» uno otro: como si insistiera en desviar el significado hacia la identidad puertorriqueña. En el nombre, elemento significativo de la narración, coexisten, se cruzan dos identidades nacionales.

Pero más allá del nombre, otros indicios pueden conducir hacia la idea del alter ego sin necesidad de que el autor del libro, Julio Ramos, lo confirme. Como él, Santiago Lavoe es alguien que gracias «a una que otra beca universitaria o de investigación histórica [puede] viajar con frecuencia» (2002: 16). Manteniéndonos en las declaraciones de *Desencuentros y Paradojas*, allí se pueden conocer las numerosas becas universitarias y de investigación, gracias a las cuales Ramos ha podido viajar con frecuencia por Chile, Argentina, Cuba, Venezuela o Ecuador para impartir conferencias o investigar. Otra característica de Santiago Lavoe alcanza puntos de contacto con la constitución del sujeto Julio Ramos: Lavoe parece extranjero en su propio país (2002: 18). Idea que no sólo apunta a una configuración extraña, diferente, a lo chileno, sino también a la misma configuración de Julio Ramos dentro del territorio de los Estados Unidos, donde reside y donde el origen suyo lo delata y subvierte o trastroca esa ciudadanía.

Lo que afirma Enrique Foffani de que *Por si nos da el tiempo* «deja ver el procedimiento que lo sostiene», es visible cuando la voz de Santiago Lavoe define la estrategia discursiva que presenta el libro, basada en el diálogo y la entrevista, el encuentro de voces diferentes. Esta constitución dialógica y autorreflexiva será marca distintiva, y así lo expresa Lavoe en su argumento de por qué se ha decidido por el género menor de la entrevista:

> máquina diseñada para registrar inflexiones vernáculas evanescentes [...] acentos, tonos, tesitura de la voz y sobre todo marcas de lo innombrable: aquella cosa que deja su rastro en los silencios, en la elipsis, o en la puntuación del discurso. (Ramos 2002: 39)

El diálogo que se establecerá, entonces, hará visible lo que la crítica ha escondido. De esa manera dialógica permitirá extraer y sacar a la luz lo que le era vedado al discurso crítico, cuyo sujeto se tiene que esconder tras una palabra que elimina las señales del Yo y de su personalidad.

Por si nos da el tiempo, en medio de su polémica constitución genérica, intentará rescatar esa figura, la que realmente escribe la crítica y que no deja, en este caso, de estar atravesada por conflictos y contradicciones, por los recuerdos de un nombre y la historia de un errante y desplazado: Pepón Arroyo. ¿Será posible aceptar desde un primer encuentro que tales señales personales, con la consiguiente carga de conflictividad, puedan aparecer desde el mismo comienzo, por ejemplo, de *Desencuentros* o de *Paradojas*? No creo que el autor pudiera permitirse tales lujos «literarios». Estaría en juego ya no la identidad, sino la credibilidad del género crítico y de todo lo que expone, de la «verdad» que busca componer en su escritura, tras las lecturas que realiza de sus objetos de estudio.

Desearía destacar ahora un tropo que es eje esencial en la construcción del espacio de esta «ficción narrativa». Se trata del hotel, uno de los más fuertemente constituidos a lo largo del relato crítico, mientras se van componiendo los signos que conforman esta imagen. «Sabes, Santiago, creo que hay literaturas de paso que responden a un impulso hotelero incontenible», dice al comienzo del libro Julio Ramos, para luego ir armando en una reflexión crítico-literaria esa figura del hotel, del espacio del hotel que, primero que todo, se da a ver como una zona de tránsito y un lugar emblemático de la cultura moderna. Así se señala cuando menciona la vida de escritores como Pynchon, Fitzgerald, Martí y Sarmiento, quienes habitaron, en determinados momentos de sus vidas, estos espacios y desde ellos produjeron parte importante de sus obras o reflexionaron, como los dos últimos, sobre ellos.

Resulta muy relevante la imagen que se recuerda del encuentro que en un hotel de San Juan sostuvieron los poetas Fina García Marruz y Pedro Pietri, de estéticas tan diferentes que quizás no de otra manera hubiese sido posible que ambos pudieran cruzarse físicamente: «Dos tradiciones tan lejanas –y fíjate, Santiago, ambas en el interior de la misma lengua– apenas se tocan y se acarician en un lugar de tránsito y arriba de eso medio apócrifo» (2002: 26). Y en una línea similar desemboca la referencia a los encuentros entre Virgilio Piñera y José Bianco en el mismo Habana Libre que ahora, y no por gusto, le sirve a Julio Ramos de espacio narrativo, de zona de encuentro entre dos intelectuales.

Lo notable de todo lo anterior es descubrir que la lectura crítica de Julio Ramos no se detiene en la textualidad o la obra de los autores mencionados. Él se da cuenta, y *el libro mismo da cuenta*, de una otra trama que se esconde en todos ellos, trama que también hace otra «literatura», la mayor parte de las veces sepultada por los análisis que la tradición crítico-literaria ha destilado sobre sus obras, incluidos, por supuesto, los que se albergan en *Desencuentros y Paradojas*.

Alineado este tropos con la imagen de los encuentros entre las figuras literarias, el relato crítico también pone en escena, performativiza o se construye en estos espacios de tránsito que a su vez son dibujados como zonas liminales, zonas del margen. De esta misma manera participan Santiago Lavoe y Julio Ramos, dos sujetos que siempre están de viaje. Y como para confirmar mucho más este tropo, el encuentro entre ambos tiene lugar nada menos que en el espacio de un hotel,

> un lugar crucial [...] donde se ama, se bebe, se esperan días mejores, se muere. Es un lugar de paso, un abrigo transitorio, escenario de dramas y alegrías, un espacio cerrado, anónimo, pero igualmente para algunos una ética de vida más libre, sin acumulación de recuerdos. (Saint Phalle 1993: 22)

Pero es también el hotel el lugar por el que transita Jenine, el personaje que por su misma configuración se encuentra en la zona de lo transgresivo. Sujeto de lo marginal, del desvío, de lo que está fuera de la ley, la jinetera se desplaza por este espacio y llega a enfrentarse con la autoridad policial. Ahora, en el grupo de las figuras que se constituyen como sujetos marginales o confinados, aparece también Carlos Montenegro, cuya vida y obra, comenta el narrador, fueron tema de estudio, un proyecto fallido de libro. Jenine y Montenegro son imágenes que desde la ficción –ella– y la crítica –él– desarrollan una especial analogía. Lo que se expresa del segundo, se pone en escena en la primera, en tanto representa la transgresión de unas leyes establecidas. Jenine, junto con Ana, por otro lado, performativizan los textos o discursos que la crítica construye no sólo alrededor del Carlos Montenegro sino también del Alberto Mendoza mencionados anteriormente.

Líneas arriba hablaba de desplazamientos, y creo que es ahí donde sobresale otra de las claves que no se pueden obviar para poder entender el libro desde la perspectiva en que lo estoy tratando. No es casual que se suscriba en la contracubierta, en primera instancia y casi en primera línea, que su radicalidad está sostenida «por la errancia». Errante es el sujeto Julio Ramos; desplazado, diferente (en el sentido que le gustaba a Derrida). Pero errantes son los otros sujetos –los nombres que se trabajan desde la crítica, que de otro modo pueden llamarse como lenguaje objeto– instalados en el enunciado del libro, sujetos rehechos como objetos de estudio, que para Julio Ramos siempre lo fueron: Martí, Mendoza, Carlos Williams, Sarmiento o Montenegro.

Al final, todos, personajes de ficción o no, se representan como figuras literarias, incluido el propio Julio Ramos. Figuras dentro de un juego discursivo desencontrado, paradójico, contradictorio, todo lo cual le aporta valor al artefacto que es el libro, artefacto crítico. *Por si nos da el tiempo* está montado sobre estas figuras, su lenguaje –ya no importa si metalenguaje o lenguaje objeto– realiza el montaje de las figuras en el texto. Lo que provoca que todo él adquiera una consistencia y un espesor de cierto modo «confuso».

Dichas figuras se proyectan sobre las que dirigen la lectura crítica, pues son sus voces las que entran en un diálogo rector, en primera instancia, de lo que poco a poco se va perfilando en el libro, o, para mejor decir, de lo que paulatinamente se va figurando en el diálogo entre Santiago Lavoe y Julio Ramos. Aquí uno puede hallar una encrucijada: ¿Es este un testimonio literaturizado de Julio Ramos, que se ilustra a través de las referencias biográficas de las otras figuras literarias? ¿O es un libro de crítica literaria que de modo *sui generis* le brinda al lector temas y tesis como el de los desplazamientos (cualesquiera sean las formas de desplazamiento: literarios, políticos, sociales, lingüísticos); las posiciones liminales, laterales, marginales de unas culturas y de los sujetos que las conforman?

No estaría muy lejos de la verdad si se afirmara que casi todos los lectores desandarían el primer camino. Mientras que el segundo no sería más que una aventura. Creo que ambos caminos son posibles y no niegan, al final, el valor del libro. Tal vez lo ideal sería hallar un punto de confluencia: un espacio para todas las lecturas posibles. Consciente de la posibilidad de entrar en una *ficción*, no obstante insistiré en la aventura última que implicaría la segunda interrogante. Porque después de todo, *Por si nos da el tiempo* cae en un desvío: el de la subversión o reversión de un esquema discursivo tan «disciplinado» como el de la crítica de la que Julio Ramos ha sido partícipe y muestra en sus producciones escriturales anteriores.

He aquí la extrañeza que provoca y que, como ya dije al comienzo, no está sola. Tiene otros compañeros en el contexto latinoamericano. Lo interesante es ver cómo sujetos de la crítica, atados en un momento al discurso especializado, objetivo y disciplinado de la investigación, abren otras posibilidades en la escritura crítica, comienzan a incursionar justamente en un terreno que antes se evitaba, el terreno que antes sólo tenían como objeto de estudio. Llama la atención la escritura de unos investigadores y docentes, que se fundaron en los ámbitos de la academia y bajo sus reglamentos de impersonalidad, para desviarse hacia la ficción, hacia lo específicamente literario, hacia la narración y construcción de un espacio narrativo y cruzado de personajes literarios que dialogan con personajes reales.

Por si nos da el tiempo comienza con un *viaje*. Es lo primero que se lee al abrir las páginas, justo en el párrafo con que abre lo que será un relato crítico acerca de viajeros que, de un modo u otro, estarán marcados por la experiencia del límite, de la marginalidad. Martí en Nueva York; Alberto Mendoza en los «oficios» de poeta, guerrillero y ladrón; William Carlos Williams en los límites de dos lenguas (una mayor y otra menor, la del poder y la subalterna, la del inglés y la del español); Carlos Montenegro entre el desvío y la norma, es decir, entre una escritura «nacionalizada» y otra que había sido «transgresiva en la medida en que produjo un mapa preciso de las fronteras, de las leyes de la literatura establecida».

Estas figuras literarias configuran el campo semántico, los sentidos o las significaciones del narrador –léase, de nuevo, Julio Ramos–. El de él y el del libro, hasta el punto de que Ramos los prefigura en una ficción, de modo que *leyéndolo a él se los lee a ellos*, y *leyendo sobre ellos se lee a él*: los pone en escena tanto como se pone él mismo en escena, fuera de lo correcto de su escritura crítica, de modo indisciplinado.

Otra pequeña máquina verbal

En una entrevista por su Premio de Ensayo Hispanoamericano Lya Kostakovsky 1997, Rufo Caballero declaraba:

> Siempre he dicho que únicamente de la asunción honesta de la enorme subjetividad que implica el juicio crítico, es que puede brotar la luz. Lo demás son ilusiones pasajeras que debemos a esa nociva hibridez de positivismo y estructuralismo. Si nos atenemos a la libertad escritural que pregonaba la poscrítica, sí, yo soy un poscrítico. (Llano 1999: 49)

Este autor, prolífico en la crítica de arte y audiovisual, ha sido, hasta donde tengo noticias, el único que se ha declarado poscrítico. La *libertad* en la escritura deja abierta una relación conflictiva dentro de un discurso específico como el de la crítica. Ella aparece como elemento definidor, según Rufo Caballero, de lo que sería el ejercicio de la poscrítica, o, dicho de otro modo, del poscrítico. Él demarca un espacio y un sujeto donde la crítica se despoja de normas, reglas, correcciones y hasta de un deber ser.

Si la «poscrítica» es definible por esta suerte de «libertad escritural», ¿cómo entender realmente ese texto que en nuestro horizonte cultural aparece como el género ensayo, ese paradigma de la libertad en la escritura moderna? Conocido como el «centauro de los géneros» —recuérdese a Alfonso Reyes—, el ensayo participa de esa libertad mientras su forma adquiere visos «monstruosos», se vuelve una entidad genérica atravesada por escrituras y discursos múltiples, diversos, creativos, que pueden alcanzar formas narrativas, formas testimoniales e incluso líricas.

Siendo así, ¿cabría decir que Martí y Sarmiento, muchos de cuyos textos manifiestan una libertad escritural desmedida, son poscríticos? ¿O que el Fernando Ortiz de *Contrapunteo cubano del tabaco y el azúcar*, el Octavio Paz de *Laberinto de la soledad* o *El mono gramático*, el José Lezama Lima de *Analecta de reloj* y tantos importantes ensayistas americanos, que cultivaron la expresión del ensayo en grado magistral, también lo son? Y casi podríamos atrevernos a considerar el *Diálogo de la lengua*, de Juan de Valdés, o *El elogio de la locura*, de Erasmo, como expresiones de textos poscríticos (lingüístico y filosófico, respectivamente) anticipados.

Vuelvo a Rufo Caballero. En su libro *Sedición en la pasarela. Cómo narra el cine posmoderno*, inicialmente una tesis académica, intenta ser lo más «"recto" posible en los sentidos», movilizar toda su racionalidad, hacer lo posible por comportarse, por hacerse a la disciplina del topógrafo, pero no puede «renunciar a la metáfora» –«Sin la metáfora, no sería yo»– a la hora de escribir ese libro que tiene el objetivo de trazar las coordenadas de la «escritura fílmica de la posmodernidad» (Caballero 2001: 35).

Él va más allá de la «metáfora» en varios textos que publicó en el año 2000 y que ahora están recogidos, para mejor fortuna de lo que nos ocupa, en su libro *Agua bendita*. En esos textos él «narra» con heterónimos la trascendencia estilística de dos pintores de la modernidad cubana: Carlos Enríquez y Mariano Rodríguez.

Si recordamos lo que comentó Enrique Foffani en relación con *Por si nos da el tiempo* –«Lejos de repelerse, el encuentro entre ficción y crítica admite un intercambio recíproco pero de ninguna manera simbiótico: sus límites no llegan a la disolución»–, hallamos en estos breves escritos de Rufo Caballero el «ensayo» de esas marcas generalizadas para la escritura de la poscrítica. Entre ficción, testimonio y personajes, el objetivo de esos dos textos es redescubrir la fuerza artística de dos de los más importantes artistas cubanos del siglo xx.

Rufo Caballero no estuvo ajeno a las reflexiones de quienes estudiaban los cambios que se operaban en la constitución del texto crítico. En una nota al pie, la seis, de «El desierto del olvido y los paisajes del deseo», expresaba:

> Cuando hablo de la crítica como escritura me estoy refiriendo a la polémica sobre la doble condición del ejercicio crítico: su carácter de metalenguaje en el sentido de una paraliteratura, o incluso, para algunos, de una parialiteratura (!); y su potencial creativo que rebasa las condiciones de práctica sucedánea o parasitaria de la creación artística. (1998: 47)

La tradición moderna ha dejado bien marcados los espacios, los territorios, tanto del texto crítico como del artístico. Si no, recuérdense los ataques que recibió la conocida crítica impresionista, acusada –no muchas veces sin razón– de crear un texto que nada tiene que ver con el pre-texto. Pero no se puede olvidar que buena parte de esa crítica impresionista surgió en un contexto en el que el positivismo se adueñaba del horizonte, en el que la interpretación estaba colmada de perspectivas cientificistas, según modelos y cánones preestablecidos, digamos que con la tan llevada y traída aridez expresiva de lo científico.

Surgido como una reacción ante ese estado, el impresionismo intentaba estetizar también una «crítica» con tendencia hacia una «especialización» desenfrenada y una perspectiva divisora, mercantil, de casi todos los valores, entre ellos el literario y el estético, como la propia sociedad que la engendró[1]. De ahí la preponderancia de lo subjetivo, que copó el estilo impresionista, pero que fue defendido por muchos autores de finales del siglo XIX.

En pleno auge positivista, en materia de crítica el impresionismo no quiso asemejarse a la naturaleza del arte, sino ser ella, puesto que sus cultivadores buscaban un texto con la forma de lo que sentenció Baudelaire a mediados del XIX: «Creo que la mejor crítica es la divertida y poética; no esa otra, fría y algebraica [...] Así, la mejor manera de dar cuenta de un cuadro podría ser un soneto o una elegía» (Aullón de Haro 1994: 101).

Pero mientras más avanzaban las relaciones y especializaciones sociales en este mundo, más se profundizaban las idea de que la escritura crítica parasita, simple y llanamente, la literatura, y como tal queda subordinada en grado inferior, reducida a ese «sucedáneo» que sólo importa porque lo único que aporta es «descripción e información» sobre un objeto autónomo, de muchísimo valor estético, de enormes «utilidades» económicas, porque lo comúnmente aceptado es que la tarea del crítico sea «servir a la literatura mediante la explicación de sus obras maestras» (Culler 1984: 3). No obstante, algunos han seguido preocupados; como Noé Jitrik, quien propone una operación diferente en el «trabajo crítico»:

---

[1] No está de más recordar que una de las ideas que desarrolla Julio Ramos en *Desencuentros* es el de cómo parte de las crónicas del modernismo latinoamericano consiste en intentos por rescatar el valor estético y la autonomía del arte en una escritura –la crónica– que tenía casi como fin trasmitir un valor utilitario y mercantilista. Véanse los capítulos cuarto y quinto de la primera parte de *Desencuentros*.

> Se trata de hacer algo en y con el texto ¿En qué consiste? Ese hacer tiene una primera instancia modal, hacer para hacer conocer, y otra también irrenunciable: en ese hacer se hace conocer, al mismo tiempo, el discurso que lo lleva a cabo. En esa doble instancia, el discurso que se constituye puede aspirar a una autonomía como discurso singular y específico, en una posición de vecindad respecto de su texto objeto, y no más de subordinación o de seguimiento. (Jitrik 1996: 361)

Aquí no sólo continuamos dándole vueltas a una «máquina verbal» compleja y complicada, sino que también regresamos casi al inicio de estas páginas, al comentario de Hartman sobre esa división o esquizofrenia de géneros y textos. Hartman advierte, también lo hace Jitrik. Pero Jitrik es temerario, pues llega a inclinarse «por dejar entrar la narración en el texto/metatexto que resulte del acto crítico»:

> Dicho de otro modo intento contar el acto crítico para que salga a la luz, en forma de relato, cubriendo otras dimensiones de la escritura, un nuevo texto que puede ser considerado junto a los textos que les dan origen, haciéndolos conocer, desde luego, pero dando paso a una dimensión comunicativa a que todo discurso autónomo tiene derecho a aspirar. (1996: 362)

¿Cómo asimilar las posiciones poscríticas y acomodarlas? ¿Qué es la poscrítica, a la luz de lo que hemos leído en diferentes autores? ¿Y la indisciplina crítica? ¿La define el empleo de la ficción para «narrar» los juicios críticos en un entorno literario? ¿La señala su «libertad»?

Ulmer y Perrone-Moisés manejan el tema en términos de forma, de la «representación del objeto» por parte del texto crítico y, por tanto, de su propia representación. Esto, que apunta hacia una identidad escritural diferente a la tradicional, implica un cambio en la propia condición del sujeto crítico. Ambos hacen referencia a ideas muy similares, casi iguales, pero con diferentes nombres.

Rufo Caballero se hace eco de todo ello, pero concentra la poscrítica en el espacio de esa «libertad escritural» opuesta a los reglamentos de un orden genérico específico, como si la poscrítica o el poscrítico existieran para darnos la oportunidad de zafarnos de los condicionamientos que imponen las disciplinas, los estudios literarios de corte cientificista, académicos. Como si la poscrítica fuera el más allá de una postura ante la escritura condicionada por las reglas de lo académico. Lo demuestra de modo explícito cuando arma *Agua bendita*, donde el primer y último texto –el pórtico y el epílogo– él los denomina aquí «ejercicios poscríticos», de un sujeto «gozador del poder de la escritura y el sabor de apócrifo que, sin embargo, no deja de tributar al conocimiento» (2009: 29). Rolando Mesa, en la introducción a ese volumen, caracteriza al primero en la duda o la incertidumbre de la frontera en que deja al lector, que no sabrá si es o no un cuento en el que la voz de varios personajes (el estudiante, el semiólogo, el pintor, el poscrítico) se van complementando y ofrecen, de conjunto, una «pintura» de Carlos Enríquez.

Dejando a un lado –al menos por el momento– la definición de una práctica crítica en virtud de sus aspectos formales, pudiéramos aventurar una poscrítica que tenga en cuenta el saber y los conocimiento acumulados que el discurso crítico incorpora, toda esa epistemología que caracteriza al pensamiento teórico y crítico contemporáneo (enfocado en términos posmodernos). En virtud de tal idea, todo discurso crítico que cumpla con los requisitos anteriores –así los deje ver de manera «incorrecta»–, cabría agruparlo en la poscrítica. Se estaría operando una transfusión conceptual. Ahora valoraríamos la manera en que el sujeto crítico, y por ende su escritura, se relaciona con su objeto y por tanto conforma su texto. Elemento importante en la definición de una identidad. No creo que sea recomendable concluir una definición del concepto o noción de discurso crítico tomando como base únicamente las formas que tome, al ir la definición más allá de una simple estipulación de sus estructuras o de su continente.

Tal vez si se reúnen en un mismo terreno el continente y el contenido pudiéramos establecer algún paradigma, de manera que se pueda reconocer qué puede o no puede aparecer bajo el denominador común de la poscrítica ante las revisiones de unos u otros autores. Un término que en Ulmer apareció vinculado a lo posmoderno y que se basaba en un determinado tipo de relación con su objeto de estudio, como también lo asienta Perrone-Moisés, pudiera ser analizado como aquel discurso crítico cuyo aparato categorial se conforma sobre la base de la epistemología de lo posmoderno y del posmodernismo. Ese texto «poscrítico» evaluará y establecerá sus lecturas críticas siguiendo metodologías y modelos teóricos posmodernos.

Aquí entrarían a escena no sólo la obra de Jean Franco, Néstor García Canclini, Beatriz Sarlo, George Yúdice o el propio Julio Ramos, que han cultivado lo que se conoce como crítica cultural, sino también Homi Bhabha, Gayatri Spivak, Baudrillard, Deleuze y Guattari, o Mary Louise Pratt y Helen Cixous, representantes unos u otros de las teorías poscoloniales y postestructuralistas o de los estudios de género, por poner algunos ejemplos. Todos, digamos, vendrían a ser «poscríticos» por el conjunto de su obra, ya que se acercan y versan sobre sus objetos de estudio a partir de marcos teóricos establecidos como posmodernos.

Me gustaría operar técnicamente con esta idea a la hora de pensar en la poscrítica, pues permitiría establecer una correspondencia entre ese continente y su contenido, entre el argumento evaluativo que encierran los textos críticos y el despliegue liberador de lo escritural del texto, del lenguaje y los procedimientos literarios, que no son exclusivos del artista. Sin embargo, tal vez no sea la más acertada ni tampoco sea obligatoria. No todos los textos van a señalar esa divergente revolución de la escritura dentro de un contexto tan cerrado como es el del sistema de la literatura, que se ha ganado el estatus actual a través de un sostenido y moderno desarrollo de su especialización. Además, aunque muchos conciban libros en el que mezclen ficción, testimonio y crítica literaria o artística, no todos acaban como Barthes, desordenando sus escritos y transformando sus presupuestos hasta llegar a formas de crítica como las que él firma en *El placer del texto*.

Hay quienes piensan que esa revuelta en la forma no viene a ser más que una regresión. Otros, como Ricardo Piglia, podrían ver, en los textos de esos críticos que transforman su escritura crítica de tal manera, una operación fallida y resistirse a tales intentos. Eso de hablar estéticamente de lo estético, si no un acto de atrofia o fantasía desatada, más parece herejía, algo contraproducente e incluso un sinsentido.

Cuando le preguntaron a Piglia qué pensaba de aquellos que hacían de la crítica un acto de creación, respondió con el mismo exergo que abre su volumen de *Crítica y ficción*: «Por un lado, a mí no me gustan los críticos que al escribir hacen literatura. Aquellos en que se nota su voluntad de hacer estilo. Como ejemplo le pongo a Roland Barthes. Gombrowicz ataca eso cuando dice "No hay que hablar poéticamente de la poesía"»; y, ante la interrogante de cómo el crítico debía hablar, añadía:

> A la poesía hay que desmontarla como si fuera una máquina. Hay que desarmarla, hacer de cuenta que es una pequeña máquina verbal que produce un efecto maravilloso. Ver cómo está construida. Esta me parece una actitud productiva, mientras que no estoy cerca ni me interesan aquellos críticos que hacen como una paráfrasis. Una especie de réplica de lo que están analizando. (Gilio 2006: en línea)

Quisiera citar otra vez a Julio Ramos, cuando se refirió a la forma del ensayo. Existe una relación sustancial entre lo poscrítico y la forma del ensayo, que destaca el lugar difícil que ambos tienen en la teoría de la crítica. Este último «se resiste a la norma de pureza discursiva, a la reglamentación de los discursos especializados» (Ramos 1989: 215). Pudiera ser, entonces, la poscrítica una otra forma del ensayo, ahora radical, en estos tiempos en que la crítica parece haber agotado, incluso, la propia fuerza del ensayo. ¿Otra pequeña máquina verbal que produce un efecto maravilloso?

Posdata

Hace unos años se publicó un ensayo en cuyo último capítulo la voz del crítico se contamina en un sistema de personajes que dirigen la acción y establecen diálogos bajo un orden teatral. Es una singular puesta en escena, crítica, reunida bajo el título de *Tres rostros de Orígenes*. Su autora, Aida Peñarroche Menéndez, buscaba entonces el diálogo entre las diferentes posiciones literarias de tres poetas: Fina García Marruz, José Lezama Lima y Virgilio Piñera.

Si la poscrítica atraviesa el terreno de la crítica para instalarse en el de la ficción, lo hace para «actualizarlo» en la escritura, para performativizar y poner en escena las claves del objeto de estudio. Habla como él. Se expresa como él. Un discurso que no sólo *da a conocer* los rasgos que pudieran definir al objeto de estudio, sino que en él mismo *se dan a ver* esos rasgos, él mismo *da a verlos*. Por eso la mera aparición de ficción y personajes en un texto de crítica literaria no lo hace propiamente indisciplinado.

Confieso que en estas páginas he corrido el riesgo de caer, de alguna manera, en una ficción, aun cuando sea «aquella mentira que suena más verdadera que la realidad». Presumir entre la crítica literaria y su objeto de estudio –la literatura que aborda– otro tipo de relación que no se basara exclusivamente en sus operaciones de lectura e interpretación, se me iba haciendo ineludible y me reclamaba un espacio de mínimas disquisiciones. Ahora bien, «no obstante todo lo dicho, la teoría que se ofrece en este libro no es sino una hipótesis sometida a la consideración de observadores más perspicaces y afortunados», como diría Fernando Ortiz.

Bibliografía

ABREU ARCIA, Alberto (2007): «Del discurso crítico al nuevo ensayismo cubano». En *Los juegos de la Escritura o la (re)escritura de la Historia*. La Habana: Casa de las Américas.

ADORNO, Theodor W. (1962): «El ensayo como forma». En *Notas de literatura*. Barcelona: Ariel.

ÁLVAREZ ÁLVAREZ, Luis (2003): «Tres ensayistas sobre el Neobarroco». En *Temas* 32, enero-marzo.

ARAÚJO, Nara (2000): «Repensando, desde el feminismo, los estudios literarios latinoamericanos». En *La Gaceta de Cuba* 4, julio-agosto.

— (2001): «La teoría no ha muerto. Campos teóricos de América Latina en el siglo XX». En *Revolución y Cultura* 5-6, septiembre-diciembre.

AULLÓN DE HARO, Pedro (1994): «Epistemología de la teoría y la crítica de la literatura». En *Teoría de la crítica literaria*. Madrid: Trotta.

BARTHES, Roland (1973): «¿Qué es la crítica?». En *Ensayos críticos*. Barcelona: Seix Barral.

— (1987): *El placer del texto*. México D. F.: Siglo Veintiuno.

BAUJÍN, José Antonio (1997): «Una re-creación posmoderna del *topos* del ensayismo». En *Universidad de La Habana* 247, enero-diciembre.

BÓREV, Iuri (1986): «El análisis sistémico-integral de la obra artística (sobre la naturaleza y la estructura del método científico-literario)». En Navarro, Desiderio (ed.): *Textos y contextos. Una ojeada en la teoría literaria mundial*. La Habana: Arte y Literatura.

BRUNNER, José Joaquín (1987): «Entonces, ¿existe o no la modernidad en América Latina?». En *Punto de Vista* 31, noviembre-diciembre.

CABALLERO, Rufo (1998): «El desierto del olvido y los paisajes del deseo». En *Revolución y Cultura* XL, 4, julio-agosto.

— (2009): *Agua bendita. Crítica de arte cubano, 1987-2007*. La Habana: Artecubano Ediciones / Letras Cubanas.

— (2001): *Sedición en la pasarela. Cómo narra el cine posmoderno*. La Habana: Arte y Literatura.

Camejo Vento, Ariel (2009): «Post-presentación brevísima para una nueva era». En *Upsalón* 5, mayo.

Campuzano, Luisa (2002): «Doxa y paradoxa: Estudios de género y narrativa de mujeres en la Cuba de hoy (segunda parte)». Texto leído en un encuentro del GT A Mulher na Literatura y la Associação Nacional de Pós-Graduação e Pesquisa em Letras e Lingüística, celebrado en Gramado: <http://www.amulhernaliteratura.ufsc.br/artigo_luiza.htm>.

Capasso, angelo (2001): *A.B.O. Le arti della critica*. Milano: Skirà. Extractos del catálogo aparecen en http://achillebonitoliva.com/; del "VocA.B.O.lario" citado, en http//achillebonitoliva.com/articritica/vocabolario.htm>.****

Castillo Zapata, Rafael (1996): «Don de la crítica / crítica del don». En *Paradojas de la letra*. Quito / Caracas: Universidad Andina Simón Bolívar / Ediciones eXcultura.

Castro Morales, Belén (2000): «Crítica y posmodernidad en Cuba. La *poscrítica* de Margarita Mateo». En *Revolución y Cultura* 6, noviembre-diciembre.

Cornejo Polar, Antonio & Rama, Ángel (1980): «Tradición y ruptura en América Latina». En *Punto de Vista. Revista de Cultura* III (8), marzo-junio.

Culler, Jonathan (1984): *Sobre la deconstrucción*. Madrid: Cátedra.

Curiel, Fernando (1996): «Estudios literarios (Institución e intuición)». En Vital, Alberto (ed.): *Conjunto. Teorías y enfoques literarios recientes*. México D. F.: Universidad Nacional Autónoma de México / Universidad Veracruzana.

Derrida, Jacques (1989): «El tiempo de una tesis: puntuaciones». En *Anthropos* 93, febrero.

Dubois, Jacques (1988): «Del modelo institucional a la explicación de los textos». En *Criterios. Estudios de Teoría Literaria, Estética y Culturología* 21-26, enero de 1987-diciembre de 1988.

Eagleton, Terry (1988): *Una introducción a la teoría literaria*. México D. F.: Fondo de Cultura Económica.

Fischer-Lichte, Erika (1994): «El postmoderno: ¿continuación o fin del moderno? La literatura ante la crisis de la cultura y el cambio cultural». En *Criterios. Estudios de Teoría Literaria, Estética y Culturología* 31, enero-junio.

Foffani, Enrique (2003): «Por si nos da el tiempo». En *Clarín*, 29 de marzo.

Fornet, Jorge (ed.) (2000): *Ricardo Piglia*. Santafé de Bogotá / La Habana: Instituto Caro y Cuervo / Casa de las Américas.

García Canclini, Néstor (1991): «Los estudios culturales de los 80 a los 90: perspectivas antropológicas y sociológicas en América Latina». En *Punto de Vista. Revista de Cultura* XIV, 40, julio-septiembre.

— (2002): *Latinoamericanos buscando lugar en este siglo*. Buenos Aires: Paidós.

GILIO, María Esther (2006): «Del autor al lector» [entrevista a Ricardo Piglia]. En suplemento *Radar* de *Página/12*, 15 de octubre.
GONZÁLEZ, María Virginia (2010): «La transgresión del ensayo: *Ella escribía poscrítica* de Margarita Mateo Palmer». En Salto, Graciela (ed.): *Memorias del silencio. Literaturas en el Caribe y Centroamérica*. Buenos Aires: Corregidor.
GRILLO, Rosa María (2002): «Feminismo y posmodernidad en *Ella escribía poscrítica*, de Margarita Mateo». En Cusata, Domenico Antonio & Melis, Antonio (eds.): *Homenaje a Hernán Loyola*. Messina: Andrea Lippolis Editore.
GRONEMANN, Claudia & SIEBER, Cornelia (2007): «Selbstentwürfe lateinamerikanischer Autorinnen als rhizomatische Überschreibung und Umschreibung kultureller Erinnerung: Margo Glantz, Gloria Anzaldúa und Margarita Mateo». En Penkwitt, Meike (ed.): *Erinern und Geschlecht*, vol. II. Freiburg: Jos Fritz Verlag.
— (2010): «Conceptos del yo en la escritura de autoras latinoamericanas como transcripción rizomática de la memoria cultural: Margo Glantz, Gloria Anzaldúa, Margarita Mateo». En Gronemann, Claudia & Imbert, Patrick & Sieber, Cornelia (eds.): *Estrategias autobiográficas en Latinoamérica (siglos XIX-XXI): Géneros – Espacios – Lenguajes*. Hildesheim: Georg Olms Verlag.
HARTMAN, Geoffrey (1990): «El destino de la lectura». En Asensi, Manuel (ed.): *Teoría literaria y deconstrucción*. Madrid: Arco/Libros.
HUTCHEON, Linda (1996): «Teorizando lo posmoderno. Hacia una poética», en Alberto Vital (ed.): *Conjunto. Teorías y enfoques literarios recientes*, México D. F., Universidad Nacional Autónoma de México/Universidad Veracruzana, 1996.
JESÚS, Pedro de (1997): «Proyecto para presentar un libro». En *La Gaceta de Cuba* 2, marzo-abril.
JITRIK, Noé (1996): «La productividad de la crítica». En Vital, Alberto (ed.): *Conjunto. Teorías y enfoques literarios recientes*. México D. F.: Universidad Nacional Autónoma de México / Universidad Veracruzana.
LAERA, Alejandra (2003): «La imaginación poscrítica». En *Página/12*, 8 de abril.
LESMES ALBIS, Marta (2000): «¿Salamanca no da lo que natura no otorga? Notas sobre la producción crítico literaria de las mujeres en los noventa». En *SiC* 6, enero-marzo.
LLANO, Eduardo del (1999): «El pez que escribe». En *Revolución y Cultura* XLI (1), enero-febrero.
MCCRACKEN, Ellen (2000): «El metaplagio y el papel del crítico como detective: Ricardo Piglia reinventa a Roberto Arlt». En Fornet, Jorge (ed): *Ricardo Piglia*. Santafé de Bogotá / La Habana: Instituto Caro y Cuervo / Casa de las Américas.
MATEO PALMER, Margarita (ed.) (1975): *Poesía de combate*. La Habana: Departamento de Actividades Universitarias.
— (2006): *Ella escribía poscrítica*. La Habana: Letras Cubanas.

MORAÑA, Mabel (ed.) (2002): *Nuevas perspectivas desde/sobre América Latina: el desafío de los estudios culturales*. Pittsburgh: Instituto Internacional de Literatura Iberoamericana, Universidad de Pittsburgh.

MOREJÓN ARNÁIZ, Idalia (1997): «Ella escribía poscrítica». En *Unión* IX (26), enero-marzo.

NAVARRO, Desiderio (1997): «Intertextualité: treinta años después». En Navarro, Desiderio (ed.): *Intertextualité: Francia en el origen de un término y el desarrollo de un concepto*. La Habana: UNEAC / Casa de las Américas.

— (ed.) (2007): *El Postmoderno, el postmodernismo y su crítica*. La Habana: Centro Teórico-Cultural Criterios.

ORTIZ, Renato (1997): *Mundialización y cultura*. Buenos Aires: Alianza Editorial.

PAVLICIC, Pavao (1991): «La intertextualidad moderna y posmoderna». En *Criterios. Estudios de Teoría Literaria, Estética y Culturología* 30, julio-diciembre.

PEÑARROCHE MENÉNDEZ, Aida (2005): *Tres rostros de Orígenes*. Cienfuegos: Ediciones Mecenas.

PÉREZ RIVERO, Pedro (2003): «*Pas de deux* poscrítico». En *La formidable coda del cuento cubano*. Ciego de Ávila: Ediciones Ávila.

PÉREZ-HERNÁNDEZ, Reinier (2008): «Del regreso de un libro». En *Temas* 53, enero-marzo.

PERRONE-MOISÉS, Leyla (1997): «La intertextualidad crítica». En Navarro, Desiderio (ed.): *Intertextualité: Francia en el origen de un término y el desarrollo de un concepto*. La Habana: UNEAC / Casa de las Américas.

PIGLIA, Ricardo (1993): «Introducción». En Arlt, Roberto: *El juguete rabioso*. Buenos Aires: Espasa Calpe.

— (2000): «Conversación con Ricardo Piglia». En Fornet, Jorge (ed.): *Ricardo Piglia*. Santafé de Bogotá / La Habana: Instituto Caro y Cuervo / Casa de las Américas.

RAMOS, Julio (1989): *Desencuentros de la modernidad en América Latina. Literatura y política en el siglo XIX*, México D. F.: Fondo de Cultura Económica.

— (1996): «El proceso de Alberto Mendoza: poesía y subjetivación». En *Revista de Crítica Cultural* 13.

— (2002): *Por si nos da el tiempo*. Rosario: Beatriz Viterbo.

RICCIO, Alessandra (1997): «Inquinando l'ordine del discorso». En *Legendaria*, Roma, año I, no. 5, septiembre-octubre de 1997.

— (1999): «Maggie Mateo rinuncia al suo patrimonio». En *Confini. Semestrale di Cultura* IV (7), diciembre.

RICHARD, Nelly (1999): «Latinoamérica y la Posmodernidad». En *La Torre. Revista de la Universidad de Puerto Rico* IV (19), abril-junio, p. 367.

RINCÓN, Carlos (1990): «Acerca de la "nueva crítica latinoamericana". Posiciones y problemas». En AA.VV.: *Teoría de la crítica y el ensayo en Hispanoamérica*. La Habana: Academia.

— (1996): *Mapas y pliegues. Ensayos de cartografía cultural y de lectura del Neobarroco.* Santafé de Bogotá: Colcultura-Tercer Mundo Editores.
— (1999): *García Márquez, Hawthorne, Shakespeare, de la Vega & Co. Unltd.* Santafé de Bogotá: Instituto Caro y Cuervo.
Ríos, Alicia (2002): «Los Estudios Culturales y el estudio de la cultura en América Latina». En Mato, Daniel (ed.): *Estudios y otras prácticas intelectuales latinoamericanas en cultura y poder.* Caracas: Consejo Latinoamericano de Ciencias Sociales / Universidad Central de Venezuela.
Romano, Eduardo (2007): «Soriano y la literatura argentina que se enseña en la UBA». En suplemento *Radar* de *Página/12*, 18 de febrero: <www.pagina12.com.ar/imprimir/diario/suplementos/radar/subnota>.
Said, Edward W. (1987): «La crítica secular». En *Punto de Vista. Revista de Cultura* X (31), noviembre-diciembre.
Saint Phalle, Nathalie de (1993): *Hoteles literarios. Viaje alrededor de la Tierra.* Madrid: Santillana.
Santiago, Silviano (1997): «Crítica cultural, crítica literária: desafios do fim de século». En *Revista Iberoamericana* LXIII (180), julio-septiembre.
Sarduy, Severo (1999): *Obra completa.* Paris: ALLCA XX.
Sarría, Leonardo (2007): «Nuestras anatomías tras la crítica». En *La Gaceta de Cuba* 6, noviembre-diciembre.
Schmidt, Siegfried J. (1996): «De discursos literarios al sistema social de la literatura». En Vital, Alberto (ed.): *Conjunto. Teorías y enfoques literarios recientes.* México D. F.: Universidad Nacional Autónoma de México / Universidad Veracruzana.
Segre, Cesare (1985): «La ficción literaria». En *Principios de análisis del texto literario.* Barcelona: Crítica.
Tamayo Fernández, Caridad (2005): *Hombres sin mujer y mujeres sin hombre. Tanteos al universo carcelario en la novela hispanoamericana.* La Habana: Letras Cubanas.
Toro, alfonso de (2006): «Margarita Mateo: Posicionalidades y estrategias de hibridación». En Perassi, Emilia & Regazzoni, Susanna (eds.): *Mujeres en el umbral. De la iniciación femenina en las escritoras hispánicas.* Sevilla: Renacimiento.
— (2007): «Meta-autobiografía/autobiografía transversal posmoderna o la imposibilidad de la historia en primera persona: Alain Robbe-Grillet, Serge Doubrovsky, Assia Djjebar, Abdelkebir y Margarita Mateo». En *Estudios Públicos* 107.
Ulmer, Gregory (1988): «El objeto de la poscrítica». En Foster, Hal (ed.): *La posmodernidad.* México D. F.: Colofón.